Anderson de Assis Nunes

Clássicos do Brasil

GURGEL

Copyright © 2015 Anderson de Assis Nunes

Todos os direitos reservados. Nenhuma parte desta edição pode ser utilizada ou reproduzida – em qualquer meio ou forma, seja mecânico ou eletrônico –, nem apropriada ou estocada em sistema de banco de dados sem a expressa autorização da editora.

O texto deste livro foi fixado conforme o acordo ortográfico vigente no Brasil desde 1º de janeiro de 2009.

PRODUÇÃO EDITORIAL:
Editora Alaúde

REVISÃO:
Shirley Gomes

CONSULTORIA TÉCNICA:
Fábio de Cillo Pagotto

IMAGEM DE CAPA:
Marcelo Resende e Bira Prado

IMPRESSÃO E ACABAMENTO:
Ipsis Gráfica e Editora S/A

1ª edição, 2015
Impresso no Brasil

Dados Internacionais de Catalogação na Publicação (CIP)
(Câmara Brasileira do Livro, SP, Brasil)

Nunes, Anderson de Assis
    Gurgel / Anderson de Assis Nunes. -- São Paulo : Alaúde Editorial, 2015. -- (Coleção Clássicos do Brasil)

ISBN 978-85-7881-292-8

    1. Automobilismo - História 2. Automóveis - Brasil 3. Gurgel (Automóveis) 4. Gurgel (Automóveis) - História I. Título. II. Série.

15-05701   CDD-629.22209

Índices para catálogo sistemático:
1. Gurgel : Automóveis : Tecnologia : História 629.22209

2015
Alaúde Editorial Ltda.
Avenida Paulista, 1337
conjunto 11, Bela Vista
São Paulo, SP, 01311-200
Tel.: (11) 5572-9474
www.alaude.com.br

SUMÁRIO

CAPÍTULO 1 – A origem 5

CAPÍTULO 2 – A evolução dos modelos 27

CAPÍTULO 3 – Curiosidades 99

CAPÍTULO 4 – Dados técnicos 107

Fontes de consulta 110

Crédito das imagens... 111

CAPÍTULO 1

A ORIGEM

NASCE UM VISIONÁRIO

Quando o mundo entrou na década de 1920, uma onda de futurismo se espalhou por vários países, partindo da Europa e povoando a imaginação de várias gerações. As pessoas sonhavam e se deslumbravam com as facilidades que os automóveis, a eletricidade e os novos materiais que vinham sendo descobertos trariam para sua vida.

No Brasil, a curiosidade pelas novidades chegou primeiro às capitais, mas logo alcançou também quem morava no interior. Na cidade de Franca, distante cerca de 400 km da capital do estado de São Paulo, região onde a cultura do café, o chamado ouro verde, anos antes levara prosperidade e enriquecera muitas famílias, nasceria um jovem que, em sintonia com o espírito de sua época, em breve se encantaria e dedicaria sua vida aos motores, às engrenagens, à mecânica, à eletricidade e à velocidade, sempre buscando invenções que deixassem o dia a dia das pessoas mais prático e moderno.

João Augusto Conrado do Amaral Gurgel era seu nome. Nascido em 26 de março de 1926, ainda menino ele revelou ser dono de grande curiosidade e inventividade, qualidades que expressava brincando especialmente na oficina do avô materno. Lá ele começou transformando triciclos em bicicletas, deu vida a várias invenções e adquiriu familiaridade com peças, máquinas e mecanismos variados. Tal experiência um dia culminaria com

O pequeno João Gurgel, de boina e roupa de marinheiro, e Zezinho, seu inseparável amigo, à direita.

A origem

um projeto futurista de uma cidade em forma circular dotada de muita área verde, que ele desenhou e em cujas ruas só circulariam carros compactos movidos a eletricidade, também inventados por ele.

Para abastecer esses carros, Amaral Gurgel previu que a cidade futurista tivesse tomadas instaladas em ruas e praças. As casas, por sua vez, seriam erguidas com blocos de fibra de vidro. Em 1962, no mesmo ritmo, ele ainda idealizaria um sistema de transporte de massa que poderia transportar 80 pessoas a uma velocidade acima dos 200 km/h, invenção batizada de "Transtubo".

Ao todo, da imaginação e do espírito empreendedor de Amaral Gurgel sairiam mais de cem patentes registradas. Seu maior legado, porém, acabaria sendo no campo automotivo, com a criação de diversos modelos de automóveis, entre eles compactos, elétricos e fora de estradas, que saíram do papel e ganharam não só as ruas brasileiras, mas também a preferência de consumidores de outros países.

Conhecer um pouco mais da infância do irrequieto e inventivo Amaral Gurgel, quando ainda era o pequeno João, ajuda a entender os rumos dessas suas conquistas futuras. Aos 3 anos de idade, por exemplo, a paixão e desenvoltura que ele já demonstrava com as máquinas, em especial com os automóveis, fazia-o saltar pelo valente Ford T de seu pai, do estribo para o para-lama e depois para o capô – e daí para cima da capota. Até que um belo dia ele arriscou dar a partida no carro e o jogou contra a parede da garagem.

O pequeno João decididamente não dava indícios de que iria seguir a carreira de advogado, como o pai; tampouco a de fazendeiro ou fabricante de calçados, como seu avô materno, José de Góis Conrado. Seus olhos brilhavam mesmo quando estava nas dependências da oficina desse avô, onde acabaria descobrindo e experimentando seu lado inventor, "arteiro" e empreendedor. Lá, ao transformar os triciclos dos amigos em bicicletas, cobrava deles o preço de ficar com a roda que sobrava – para usar em outras invenções.

Família Gurgel: João Augusto atrás, com o pai, Romeu, e a mãe, Maria Escolástica. À frente, Mario Henrique, Maria José, Floriano e Paulo Fernando.

João na foto do convite de formatura do colegial, aos 16 anos.

Já adolescente, ele gostava de ler livros de física e mecânica, e com os conhecimentos que adquirira, aos 16 anos inventaria um revólver a gasolina: bastava injetar gasolina em um cilindro e, com uma vela de ignição que fazia às vezes do estopim, dava-se o tiro. A potência não era a mesma da pólvora, mas atirava.

Em 1942, já conhecido como Amaral Gurgel, ele ingressou na Escola Politécnica da Universidade de São Paulo. A pujança da capital paulista, onde muitos carros já circulavam pelas ruas e se viviam as vantagens da urbanização e do desenvolvimento econômico, encantou o aspirante a engenheiro. Logo ele colocaria mais uma vez sua irrequieta mente para trabalhar. Primeiro, descobriu como reproduzir o método de anodização do alumínio, podendo aplicá-lo na fabricação de pistões automotivos, tecnologia antes somente empregada pelos norte-americanos.

Curioso é que um colar de alumínio anodizado que uma tia dele trouxe da França acabou por fazê-lo investir na fabricação de peças similares, já que conhecia o método, o que o fez ganhar muito dinheiro. Com parte desse montante, Amaral Gurgel acabaria construindo, na garagem da casa dos pais, no Jardim América, em São Paulo, um hidroplano sobre rodas.

A ideia consistia em um veículo multiuso que poderia se locomover tanto no asfalto quanto sobre a água, principalmente em lagos. Era movido por um motor de avião de 70 cv, instalado na traseira, onde se podia acoplar uma hélice. Assim que levou a criação para testá-la, o barulho ensurdecedor provocado pela máquina cha-

O hidroplano, veículo anfíbio construído por Gurgel em 1947, passa por testes em uma represa.

A origem

mou a atenção da polícia, que por pouco não apreendeu aquela lancha sobre rodas. Depois de muitas conversa, Gurgel teve que se comprometer a não sair mais com aquele objeto estranho pelas ruas, embora ele ainda tenha conseguido passear com a lancha na represa de Guarapiranga.

No final de 1949, Gurgel enfrentaria seu primeiro desafio no campo automobilístico. Em vez de apresentar o projeto de um guindaste de coluna como trabalho de conclusão de curso da Escola Politécnica, o jovem estudante expôs o projeto completo de um carro de passeio equipado com um motor de dois cilindros. O professor, em total desacordo com Amaral Gurgel, além de não analisar o projeto ainda o ameaçou de reprová-lo, proferindo uma frase que o perseguiria pela vida toda: "Automóvel não se fabrica,

se compra. E tecnologia de carro é coisa de multinacional".

O projeto automotivo criado por Amaral Gurgel e renegado por seu mestre recebeu o sugestivo nome de Tião; era a primeira incursão dele na produção automotiva, um projeto embrionário com o qual dava o pontapé inicial para a realização de um sonho pessoal. Um dos passeios favoritos de Amaral Gurgel durante os anos em que estudou na Poli, como a Escola Politécnica é mais conhecida, era caminhar pela tradicional rua Florêncio de Abreu, no centro de São Paulo, especializada em ferramentas, onde passava horas garimpando peças. Um belo dia, deparou-se com um pequeno motor americano da marca Onan, de dois cilindros, base do carro pequeno que criaria em breve.

O primeiro emprego de Amaral Gurgel foi na Cobrasma, como chefe do departamento de locomotivas a diesel. Ficou pouco tempo por lá, transferindo-se em seguida para a empresa de elevadores Atlas, onde ficou apenas uma semana. Após sugerir novas ideias para o funcionamento dos motores de elevadores, seu chefe achou que era muito cedo para aquele jovem engenheiro palpitar tanto. Resultado: descontente, ele pediu demissão.

Foi nessa época que Amaral Gurgel ganhou uma bolsa de estudos nos Estados Unidos. Ainda estudante de engenharia, aquele era o momento ideal para poder

Chevrolet Corvette 1953 e sua carroceria de plástico reforçado com fibra de vidro: compósito que iria dar vida aos carros de Gurgel.

colocar em prática suas habilidades, pois naquele tempo o Brasil não tinha um parque automobilístico consolidado, uma vez que os carros eram apenas montados aqui; nos Estados Unidos eles eram fabricados. Com a bolsa de estudos em mãos partiu para estagiar como engenheiro automobilístico na General Motors. Lá estagiou na Buick e pode visitar a linha de montagem do Chevrolet Corvette. Corria o ano de 1953. Naquele ano, a GM começava a produzir suas primeiras carrocerias de plástico reforçado com fibra de vidro.

Amaral Gurgel estagiou durante dois anos nos Estados Unidos e as sugestões que deu à empresa foram acatadas e reconhecidas, e, o melhor, ele foi recompensado financeiramente por elas. Ele também pode publicar seus artigos em revistas especializadas norte-americanas. De volta ao Brasil, em 1953, com o diploma de engenheiro automobilístico pelo General Motors Institute, ele trouxe consigo na bagagem todo o *know-how* que aprendeu por lá. Com os novos conhecimentos, acabou chamado para trabalhar na GM do Brasil, onde ficou por dois anos. Posteriormente, foi contratado pela Ford, tornando-se o engenheiro mais bem pago da época.

DOS LUMINOSOS AOS MINICARROS

No ano de 1958, Amaral Gurgel foi convidado a integrar o Grupo Executivo da Indústria Automobilística, o Geia, que criaria os parâmetros para a implantação das montadoras no Brasil. As multinacionais aqui instaladas eram céticas quanto a produzir automóveis no Brasil, alegando que a renda *per capita* de 129 dólares inviabilizaria a fabricação de um veículo *Made in Brazil*. Naquela época, as empresas focavam sua produção em picapes e caminhões. Amaral Gurgel rebateu as críticas dizendo que eles estavam enganados, e que havia um mercado consumidor promissor no Brasil. Para tanto, mostrou na prática um protótipo de um veículo que a Ford poderia vir a montar aqui.

Tal decisão custou a Amaral Gurgel uma bronca de um dos diretores da montadora, que achou tudo aquilo uma maluquice. Insatisfeito com a postura da Ford, que não acreditava nele e tampouco em seu país, ele novamente decidiu pedir demissão. Seu chefe achava tudo aquilo uma loucura e perguntou sobre seus planos futuros. Amaral Gurgel rapidamente respondeu-lhe: "Penso em uma fábrica de carros que vai se chamar Gurgel!" Dali em diante, o

A origem

jovem engenheiro começou a trilhar sua bem-sucedida carreira.

Com um capital inicial de 10.000 dólares e alguns sócios, ele criou a Moplast Moldagem de Plástico, em 1958. Era a oportunidade para começar a aplicar o uso do plástico reforçado. De início, fabricou peças de acrílico e forneceu o para-brisa de acrílico para a Romi-Isetta. Entretanto, a Moplast ganhou notoriedade ao fabricar os primeiros painéis luminosos feitos de acrílico do Brasil, substituindo os tradicionais tubos de neon. A Volkswagen tornou-se seu principal cliente, ao adquirir os luminosos para serem fixados na fachada de suas agências. Embora o desejo de fabricar seu próprio automóvel falasse alto, os custos dessa empreitada ainda eram proibitivos. Também em 1958, Amaral Gurgel criou a Mokart, no segundo andar do prédio onde estava localizada a Moplast.

A história dos karts é curiosa. Durante o tempo em que viveu nos Estados Unidos, como estagiário de engenharia, Amaral Gurgel teve contato com os pequenos veículos de quatro rodas que andavam muito rápido. Na volta ao Brasil, trouxe os primeiros moldes para confeccionar os chassis desses carros, dando início à produção dos primeiros karts de competição, pioneiros no país, batizados de Mokart. Era um projeto 100% Gurgel, incluindo aí o motor de 125 cm³ e o carburador.

Gurgel foi pioneiro na fabricação de luminosos de fibra no Brasil.

As competições de kart aconteciam nas ruas de São Paulo, e o Mokart SS fazia história ao conquistar mercado e vitória, entre os anos de 1961 a 1964.

Foi a bordo dos karts de Amaral Gurgel que pilotos como Wilson e Emerson Fittipaldi, e José Carlos Pace foram revelados e puderam colocar suas habilidades à prova. Entretanto, os custos da competição eram extremamente proibitivos; para amortizar os gastos, os karts que ganhavam as corridas eram vendidos para minimizar as perdas, e Amaral Gurgel tinha até uma frase para exemplificar aquela experiência: "Ganhava dinheiro num andar e perdia no outro".

Em 1960, ele apresentou o Moplast Gurgel Jr., um minicarro feito de chassi

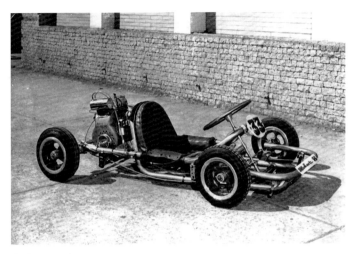

Os karts criados por Gurgel participaram de muitas corridas e revelaram nomes como o dos irmãos Fittipaldi.

Cartaz de divulgação do Gurgel Jr. e, ao lado, família Gurgel no Macan Gurgel II.

de um lado ao outro do painel, e a caixa de câmbio era do tipo contínua variável, que acoplada ao motor de 130 cm³ com 10 cv podia atingir velocidade máxima de 95 km/h.

Para impulsionar sua empresa e promover sua marca, Amaral Gurgel passou a sortear seus minicarros, visando sobretudo a garotada. O mini Karmann-Ghia, por exemplo, era o prêmio para quem encontrasse a tampa premiada nos achocolatados Toddy. Já o mini Mustang participou da campanha promovida pelo refrigerante Cerejinha: ganhava o carro quem também encontrasse a tampa com a indicação do prêmio.

Para o Salão do Automóvel de 1964, foi apresentado o Macan G-400, um pequeno veículo de 3 m de comprimento. Era movido por um motor de dois cilindros de 450 cm³, refrigerado a ar

tubular, com carroceria de fibra de vidro, suspensão dianteira com mola helicoidal, freio a tambor nas rodas traseiras, marcha à frente e a ré, com sistema elétrico opcional. Foi exposto no stand da Moplast, no 1º Salão do Automóvel do mesmo ano, criando grande alvoroço entre a garotada da época. Impulsionado por um motor de 4 tempos e 3 cv, foram fabricados mais de 500 unidades, tendo sido inclusive exportadas para os Estados Unidos e a Alemanha. Além desse modelo, a Moplast produziu o Gurgel II, um pequeno veículo para dois passageiros que podia transportar 80 quilos de bagagem em seu porta-malas dianteiro. Havia dois detalhes curiosos nesse minicarro: a direção era mutável, ou seja, poderia ir

A origem

com potência de 18 cv. Versatilidade era a palavra de ordem, pois o automóvel poderia ser oferecido nas carrocerias perua de dois lugares, sedã, veículos de entrega com capacidade para transportar 400 kg de carga e também na versão rural com maior distância entre eixo. No ano seguinte, a Macan exibiu o protótipo do Bastião. Era um pequeno utilitário que podia transportar 350 kg, dotado de suspensão independente nas quatro rodas. Para movê-lo, havia um motor de 12 cv, refrigerado a ar que poderia fazer até 20 km/l.

O desejo de Amaral Gurgel de fazer seus próprios automóveis começou a tomar forma em 1966. Como concessionário da Volkswagen, ele tinha trânsito junto ao alto escalão da empresa alemã e foi naquele ano, durante uma conversa com o então presidente da VW,

O Gurgel 1200, mais conhecido como Ipanema, deu início a era dos carros Gurgel.

Bobby Schultz-Wenk, que o engenheiro Amaral Gurgel expôs suas ideias e tentou convencê-lo a fornecer os chassis para a fabricação de seus veículos. Wenk pediu para analisar o projeto e disse que, se fosse aprovado, o chassi seria dele, mas fez uma ressalva: o projeto teria que ser de um modelo simples, pois naquela época a Karmann-Ghia já fabricava um esportivo sobre a plataforma VW a ar. Amaral Gurgel abraçou a ideia e, em 90 dias (setembro de 1966), tinha projetado, construído e entregado o veículo pronto. Schultz-Wenk gostou do que viu, aprovou e passou a fornecer o chassi VW a Amaral Gurgel. Foi a primeira vez na história que a Volkswagen vendia seu chassi para um particular.

O Gurgel Ipanema oferecia um desenho jovial, ao contrário dos seus concorrentes, como o Jeep Willys, que tinham um desenho mais rústico.

Naquele ano aconteceria o salão do automóvel e a VW não tinha novidades para exibir ao público. Wenk contatou Amaral Gurgel para saber se seria possível fornecer um de seus carros para expor. O modelo teria que ter um visual alegre, bancos em vime, no estilo praiano. Nascia o primeiro veículo a levar o nome Gurgel, o Macan Gurgel 1200. Durante o salão do automóvel, foram feitos 200 pedidos do modelo. O Macan Gurgel era uma espécie de buggy de recreação montado na plataforma do VW Sedan (Fusca), encurtado em 36 cm, equipado com motor de 1.200 cm³. O chassi era "encapado" com uma carroceria em plástico reforçado com fibra de vidro.

Ao lado da revenda Volkswagen, foi erguido um galpão, local onde começaram a sair os primeiros Gurgel 1200, que ficaram conhecidos popularmente como Ipanema. Entretanto, a empreitada saiu caro para Amaral Gurgel, já que não havia capital suficiente para levar adiante os duzentos pedidos feitos. A solução foi vender a concessionária Volkswagen, o que lhe deu um aporte de 50.000 dólares. Com esse valor, finalmente Amaral Gurgel começou a dar forma a um antigo sonho: ter sua própria marca e fabricar carros que levariam seu nome. Estava nascendo assim uma empresa automobilística genuinamente nacional.

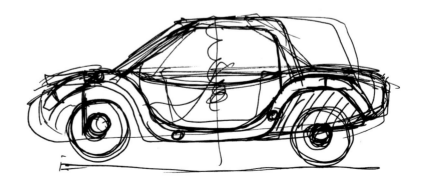

Esboço de um utilitário feito por Gurgel nas horas de folga.

A origem

A MARCA VERDE E AMARELA

Em 1º de setembro de 1969, o Brasil passava a figurar entre os poucos países abaixo da linha do Equador a ter uma empresa automobilística 100% nacional. Era a Gurgel Indústria e Comércio de Veículos Ltda., localizada na Avenida do Cursino, em São Paulo. De início, contava com quatro funcionários que produziam quatro Ipanema por semana. Todos os veículos passavam pelo aval de Amaral Gurgel, que testava um por um. Depois de receberem o selo de aprovação, eram vendidos pela concessionária Macan, agora de propriedade da Volkswagen, situada ao lado da fábrica da Gurgel. Embora fosse um veículo de recreação, o Ipanema começou a despertar interesse das pessoas que residiam no campo. Foi por intermédio de uma pesquisa que Amaral Gurgel descobriu que o Ipanema estava sendo utilizado em fazendas para o trabalho pesado, em substituição aos parrudos jipes.

De olho em uma fatia maior de mercado, ele viu então a possibilidade de abocanhar nichos pouco explorados pelos outros fabricantes, como o mercado de "veículos utilitários todo terreno", termo cunhado pela marca Gurgel. Com resultados de pesquisas em mãos, Gurgel resolver investir e dividir com a Ford o mercado de jipes. Por conhecer bem a Ford, o engenheiro sabia que a produção do Jeep só era viável a partir de mais de 300 carros por mês. A Ford produzia então 340 por mês. Estudos mostraram também que o conceito de jipe tinha problemas, pois, por ser um veículo projetado para a guerra, era extremamente duro. Dados do Ministério da Agricultura mostravam que pessoas que dirigiam o jipe acabavam tendo problemas de coluna. Para reverter esse quadro, Amaral Gurgel pediu ao médico Roberto Godoy Moreira, especialista em coluna, um estudo para um veículo com ênfase no conforto.

Nascia assim o Gurgel Xavante XT, homenagem a uma tribo indígena. Além de trazer mais conforto aos ocupantes, já que os bancos eram mais anatômicos, rodar com ele era menos penoso, pois a suspensão traseira contava com molas helicoidais. Outro diferencial era o chassi próprio, desenvolvido pela Gurgel e batizado de

Com o Xavante, a Gurgel propôs um veículo dócil e valente, combinação que ajudou a marca a dominar o mercado de utilitários fora de estrada no início dos anos 1970.

Plasteel, plástico mais aço, marca patenteada por Amaral Gurgel. O Plasteel nada mais era do que uma resistente estrutura de tubos de aço seccionados que formavam o "esqueleto" do veículo. A carroceria de plástico com fibra de vidro "vestia" esse chassi do tipo monobloco. Com isso, a Gurgel tornou-se independente, não necessitando mais das plataformas Volkswagen para fazer seus veículos, embora o fornecimento de motores fosse mantido.

O início dos anos 1970 mostrava-se promissor para a Gurgel. Seus jipes conquistavam o mercado e também os órgãos governamentais. Além da imagem jovial, seus utilitários eram versáteis, podendo receber variadas personalizações de uso, além de oferecer vantagens como economia de combustível e manutenção simples. Em pouco tempo a infraestrutura oferecida em São Paulo se tornou insuficiente para atender à demanda e à produção. Para expandir sua produção, era necessário procurar novos horizontes, de preferência fora cidade de São Paulo. Foi durante a inauguração da empresa Owens Corning Ocfibras do Brasil, em Rio Claro, que Amaral Gurgel vislumbrou a possibilidade de poder instalar no interior do estado sua fábrica, afinal, seu principal fornecer de fibra de vidro acabara de se alojar na cidade. Durante uma conversa informal com o então prefeito de Rio Claro, Armando Orestes Giovanni, Amaral Gurgel explanou seus planos de construir uma nova unidade fabril para aumentar sua produção, informando-lhe que estava à procura de novo local.

Após inúmeras buscas para encontrar o local ideal e dar início à sua ampliação fabril, Amaral Gurgel finalmente encontrou o terreno que supria suas necessidades. Era uma fazenda de 360.000 m² ao lado da ro-

Fábrica da Gurgel em Rio Claro. O local, que antes era uma antiga fazenda, foi escolhido a dedo pelo próprio Amaral Gurgel.

A origem

dovia Washington Luiz. Logo em seguida, deu-se a construção da nova planta, inaugurada em maio de 1975. Inicialmente, a empresa dispunha de uma área de 13.000 m² construídos. De sua linha de produção começaram a sair os primeiros modelos "Made in Rio Claro", como o Gurgel X-10. Os robustos utilitários foram encontrando seu lugar no mercado doméstico, bem como no exterior, para onde boa parte da produção da Gurgel se dirigia. Países como Colômbia, Panamá, Caribe e até mesmo Cuba podiam contar com os valentes jipes da Gurgel circulando por suas ruas. Países árabes como Arábia Saudita também acabaram por escolher os veículos Gurgel para enfrentar o calor do deserto.

Outra ação pioneira da Gurgel, ainda em seus primórdios, foi a criação de um veículo elétrico, em plena crise do petróleo de 1974. Enquanto os militares apoiavam as pesquisas com aporte financeiro em busca de um combustível alternativo, Amaral Gurgel apresentava o protótipo Itaipu. Era um diminuto carro em forma de cunha, que podia transportar duas pessoas. O engenheiro e empresário tinha planejado um engenhoso sistema de recarga das baterias: os proprietários poderiam parar o carro e conectá-lo a pequenos postes, em lugares predefinidos. O projeto era bem avançado para a época, entretanto, devido a problemas com a durabilidade das baterias, seu peso e baixa autonomia, o Itaipu acabou tendo seu projeto engavetado.

Na segunda metade dos anos 1970, a Gurgel já desfrutava de uma sólida posição de mercado, detendo sozinha mais de 70% das vendas de utilitários. Seus únicos concorrentes eram o Toyota Bandeirante e o jipe Ford Willys. Havia fila de espera para se ter um Gurgel, pois a produção era direcio-

O Gurgel X-12

Lote de utilitários sendo exportados para Angola.

No final dos anos 1970, a Gurgel dá um salto em vendas com o modelo X-12, que detinha 70% do mercado de utilitários. Na telinha, o X-15 fez parte do elenco do filme *Os Trapalhões e o rei do futebol*.

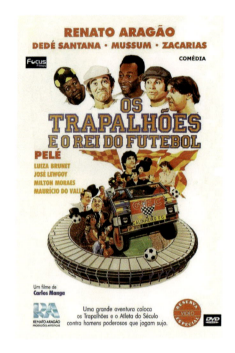

e *Os Trapalhões e o rei do futebol*, este último com a presença de Pelé.

Na mesma década, a Gurgel colocou muitas ideias em prática, entre elas outro estudo de veículo com tração elétrica, o Itaipu E400. Diferente da primeira versão, que tinha um caráter de uso pessoal, a segunda geração de elétricos da Gurgel buscou consolidar seu potencial entre empresas estatais e privadas. Elas serviriam como laboratórios de testes. Embora apelasse para o fator ambiental, já que não poluía, o Itaipu não foi adiante novamente, em função de sua baixa autonomia e da demora em recarregar as baterias. Utilizando a mesma carroceria, a Gurgel lançou o G 800 nas versões cabine simples e dupla. Era equipado com motor VW 1,6 litro a ar e podia transportar até 1.100 kg de carga. Nessa época, a Gurgel estava se preparando para abrir uma unidade no Panamá, país em que seus utilitários tinham boa receptividade. Entretanto, devido à grave situação política por que o país passava naqueles anos, o desejo de se tornar uma multinacional não foi para frente. Amaral Gurgel, sem perder o bom humor, dizia que a Gurgel era, sim, "muitonacional". Uma parceria com a Volkswagen ainda chegaria a ser cogitada para montar os utilitários da Gurgel na Indonésia.

Não obstante seu desejo de vender um veículo urbano, a empresa de Rio Claro deu seu primeiro passo em direção aos ur-

nada quase que exclusivamente aos órgãos públicos e à exportação, restando poucas unidades para a venda a terceiros. No acender das luzes da década de 1980, a Gurgel produzia dez modelos de carros, entre eles o X-12 e suas variadas versões, bem como o veículo de carga X-15. Gurgel também aproveitava a visibilidade que sua marca alcançara e cedia carros para o cinema brasileiro. Os Trapalhões utilizaram os veículos da Gurgel em suas produções, como nos filmes *Os Trapalhões na guerra dos planetas*

A origem

banos com o XEF. Derivado do conceito GTA, o XEF era um pequeno sedã de duas portas, que tinha como peculiaridade poder transportar três passageiros. Apesar de todas as turbulências econômicas e políticas pelas quais o Brasil passava ao longo da década de 1980, para a Gurgel ela foi bastante promissora. Em 1985, enquanto a indústria automobilística brasileira apresentou um incremento nas vendas na ordem de 12,8%, a Gurgel cresceu 45,8%. Em números de unidades produzidas, a marca alcançou a média de 113 veículos por mês, parte dessa produção capitaneada pelo modelo X-12 e suas versões.

Nessa época, a empresa empregava 300 funcionários, entre técnicos e engenheiros. Também foi inaugurada a Gurgel Trade Center, localizada na Avenida dos Bandeirantes, na capital paulista. No espaço havia um escritório executivo, um amplo salão de exposições, um centro de treinamento de mecânicos e de apoio técnico aos revendedores. Entre concessionárias próprias e revendas credenciadas, a Gurgel contava então com 64 pontos de vendas espalhados pelo território nacional. Outra boa estratégia mercadológica de Amaral Gurgel na época foi a criação da Gurgel Center, um local exclusivo para a comercialização de veículos e produtos da marca, uma espécie de "griffe" para vender produtos e acessórios como roupas, bonés, luvas, bolsas e toca-fitas.

Gurgel Center, um local que além da venda de veículos procurava fidelizar o cliente à marca Gurgel, oferecendo mimos como vestuário e acessórios.

O Gurgel XEF foi a primeira incursão da marca no segmento de veículos de passeio e trazia o peculiar arranjo interno para três pessoas.

100% BRASILEIRO

Sempre de olho em possíveis nichos de mercado, em 1985 foi lançado o Carajás. Era o embrião do que viriam a ser os utilitários esportivos no futuro. Ele tinha um visual agressivo e era um modelo capaz de enfrentar terrenos acidentados, mas sem deixar de lado o conforto. Foi o primeiro veículo da Gurgel a ter motor refrigerado a água, um VW AP de 1,8 litro. A grande empreitada da Gurgel teria início em 1986: foi nesse ano que a empresa começou os estudos e esboços do primeiro carro totalmente desenvolvido no Brasil, o Cena, Carro Econômico Nacional. Seria a concretização de um sonho pessoal de Amaral Gurgel e um importante marco na história do país, pois iria mostrar ao mundo que o Brasil tinha capacidade e mão de obra qualificada para desenvolver um veículo verde e amarelo.

O passo inicial para sua viabilização foi apresentar à Finep – Financiadora de Estudos e Projetos – os estudos para a criação do carro econômico. O financiamento para colocar o projeto em prática veio do Ministério da Ciência e Tecnologia, com aval da Finep. O então ministro da Ciência e Tecnologia, Renato Archer, foi um dos responsáveis por conceder o empréstimo de 6 milhões de dólares à Gurgel. Parte desse montante foi usado para desenvolver o motor de dois cilindros opostos. Assim que os protótipos do Cena começaram a ser divulgados, a assessoria do piloto Ayrton Senna entrou com uma ação judicial contra Gurgel, para que ele não utilizasse aquele nome, devido à semelhança fonética com o sobrenome do corredor. Essa atitude tinha o intuito de não relacionar o nome do piloto brasileiro, que estava começando a despontar no cenário internacional, ao nome do carro, pois temia-se que a fábrica de Amaral Gurgel se beneficiasse de alguma forma com tal associação. Sem criar caso, o empresário mudou o nome do projeto, mas não sem antes dar uma alfinetada, dizendo à época: "Não vamos esquecer que o rio Sena já corria na França muito antes do Ayrton ser piloto".

O ano de 1987 foi agitado dentro e fora da Gurgel, pois os protótipos agora batiza-

Carajás trazia motor potente e interior luxuoso, foi o modelo mais requintado feito pela Gurgel.

A origem

dos de Gurgel 280 começaram a ser testados exaustivamente em ruas e estradas. Na fábrica, prosseguiam em ritmo acelerado as ampliações das instalações, passando para 20.000 m² de área construída. O número de funcionários saltou de 700 para 1.000 naquele ano. A fábrica de motores foi inaugurada em junho de 1987, e, na ocasião, o ministro da Ciência e Tecnologia sugeriu aprontar alguns modelos do 280M para o desfile militar de Sete de Setembro, em Brasília. Gurgel aceitou o desafio e na capital do Brasil, diante do então presidente da República, José Sarney, e de olhares da população, os protótipos do Gurgel 280M desfilaram pela avenida. Nesse dia, Amaral Gurgel recebeu palmas pelo seu trabalho. A data ficou marcada como o dia da independência tecnológica do Brasil sobre rodas.

O próximo passo audacioso de Amaral Gurgel foi abrir o capital de sua empresa, com o intuito de obter recursos financeiros para a ampliação das instalações industriais. Foi constituído, assim, em maio de 1988, a Gurgel Motores S.A, controlada pela Gurgel S.A Indústria e Comércio de Veículos. A empresa colocou no mercado um lote de 10.000 ações. Cada interessado tinha direito de adquirir um lote de 750 ações, tornando-se sócio da Gurgel Motores e tendo prioridade na compra dos primeiros carros. Com o mote da convidativa campanha que dizia "Se Henry Ford o convidasse para ser seu sócio, você não aceitaria?", claro que o público aceitou o convite e abraçou a ideia, comprando 90% dos 10.000 lotes, ficando o restante nas mãos da Gurgel. Tal ação resultou em captação financeira de 60 milhões de dólares. Com esse montante, a Gurgel dobrou sua área construída para 40.000 m², além de construir de seis novos prédios.

Paralelamente a isso, Amaral Gurgel buscava junto ao governo federal incentivo fiscal para reduzir o valor de seu carro urbano. Em um louvável gesto de apoio à indústria, o governo federal, sob o decreto 95.860, de 22 de março de 1988, definiu a categoria "dos carros econômicos" e estabeleceu uma alíquota de apenas 5% de IPI (Imposto sobre Produtos Industrializados) para veículos de baixa cilindrada. Na época, os modelos mais baratos à venda recolhiam IPI na faixa dos 20%. O objetivo de Gurgel,

Protótipos do Gurgel 280M desfilam no 7 de setembro que, segundo o próprio Amaral Gurgel, ficou marcado como dia da independência tecnológica do Brasil sobre rodas.

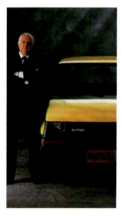

"Se Henry Ford o convidasse para ser seu sócio, você não aceitaria?" Com essa proposta, Gurgel vendeu 90% de um lote de 10.000 ações para viabilizar a fabricação do BR-800, que começou como Projeto Cena – o Carro Econômico Nacional.

de oferecer um veículo ao preço de 3.000 dólares, não se concretizou, pois o preço final de seu carro ficou em 7.000 dólares. Ainda assim era 30% mais barato que os demais modelos econômicos, como o Fiat Uno.

Em 1988, foi então apresentado o BR-800, o primeiro carro genuinamente nacional. Era impulsionado por um motor de dois cilindros contrapostos de 800 cm^3, todo fundido em alumínio-silício, batizado de Enertron. Em um tempo em que imperava a reserva de mercado, e, consequentemente, com poucas novidades automotivas, o BR-800 despontou no cenário nacional. No final de 1989, registrou-se um ágio de 100% pelas mais de 1.000 unidades já produzidas. Esse efeito era ocasionado pela alta demanda aliada à baixa produção, já que 80% da produção era destinada aos acionistas e, os 20% restantes, aos órgãos públicos, como os Correios.

A Gurgel crescia e prosperava. Na fábrica de Rio Claro, dois módulos fabris haviam sido finalizados. Lá, separava-se fisicamente a produção da família de veículos BR-800 da produção de utilitários (Tocantins e Carajás). Um outro edifício abrigava o almoxarifado central, além da construção de um local dedicado à área de pesquisas. Na vida pessoal, o engenheiro Amaral

A planta de Rio Claro com suas instalações ampliadas: a Gurgel preparava-se para voos mais altos.

A origem

Gurgel recebia, no dia 11 de dezembro de 1989, o título de "eminente engenheiro do ano", honraria concedida pelo Instituto de Engenharia de São Paulo (IESP).

Devido ao bom momento financeiro pelo qual passava e a seus planos de ampliar sua produção, a Gurgel comprou, na cidade de Euzébio, na Grande Fortaleza, uma área de 640.000 m². Lá seria erguida a unidade batizada de Gurgel Brasil, uma planta escolhida de forma estratégica, visando levar desenvolvimento social e econômico ao Nordeste. A nova unidade iria fabricar um novo veículo popular, batizado de Delta. Para tanto, a Gurgel comprou todo maquinário da Citroën que seria destinado à fabricação da caixa de câmbio, diferencial, freios e demais componentes mecânicos da nova família de veículos. A unidade de Rio Claro ficaria responsável pela produção do Supermini. Para reduzir os custos, a Gurgel idealizou um sistema que permitia levar e trazer os componentes de ambas as fábricas a um preço mais baixo.

Gurgel Enertron, o primeiro motor de automóvel no planeta a ter dois cilindros opostos, refrigeração a água e ignição computadorizada, e a dispensar correia e distribuidor. O motor ganhou reconhecimento mundial pela Porsche e Citroën.

A DERROCADA DA GURGEL

O cronograma da construção da planta de Eusébio seguia em frente e, em 19 de dezembro de 1991, foi realizada a festa de apresentação da nova fábrica do Ceará. Com a unidade pronta, só faltava desencaixotar as máquinas e dar início à produção. Entretanto, nem o governo do estado do Ceará e tampouco o do estado de São Paulo honraram com o compromisso assumido no protocolo de intenções, quando se comprometeram a dar apoio financeiro ao projeto da Gurgel. O projeto previa recursos na ordem de 185 milhões de dólares. O aporte seria dividido em 50 milhões de dólares para o governo paulista, 30 milhões vindos do Executivo cearense, mais 80 milhões do BNDES e outros 25 milhões seriam correspondentes à parte da Sudene.

No início de 1992, a Gurgel sofreu outro golpe, quando os fiscais da alfândega brasileira entraram em greve, atrasando a chegada das caixas de câmbio provenientes da Argentina. Com isso, a produção da fábrica de Rio Claro parou por falta de componentes. Sem dinheiro

Interior da fábrica com caixas de maquinários oriundos da francesa Citroën.

em caixa, sem crédito das instituições financeiras e com o rompimento unilateral por parte dos governos de São Paulo e do Ceará, a empresa viu seu patrimônio esmorecer por causa das dívidas crescentes e das dificuldades de honrá-las. Em julho de 1993, a Gurgel foi obrigada a requerer concordata preventiva.

A concorrência também havia aumentando, já que as multinacionais começaram a ver com bons olhos o filão de carros populares, mercado que a Gurgel praticamente criou em 1988, com o BR-800. A Gurgel tentou, junto ao governo federal, um empréstimo de 20 milhões de dólares, que seriam usados para a recuperação da marca e para a retomada da produção. Ao mesmo tempo, começaram os estudos para uma nova família de veículos do modelo Supermini, além de um estranho carrinho de três lugares batizado de MotoMachine. Nesse meio tempo, a empresa de Rio Claro contava com 30 funcionários, que tentavam junto com o empresário levar a Gurgel adiante. Dos três grandes complexos que havia lá, somente um continuava em operação, e de forma precária.

Sem condições de retomar a produção, de honrar as dívidas trabalhistas e com os fornecedores, a falência da Gurgel Motores S.A. foi decretada em 1996. Todo seu patrimônio acabou transformado em massa falida, para o pagamento de dívidas. De 1996 a 2007, seis leilões foram realizados, mas nenhum obteve a proposta compatível com o patrimônio da empresa, estipulado em 20 milhões de reais. Em 11 de julho de 2007, a massa falida foi arrematada pelo Consórcio Cidade Azul, que adquiriu os bens pelo valor de 15 milhões de reais. No local da antiga fábrica da Gurgel, foi criado um condomínio industrial que abriga diversas empresas.

À esquerda, Amaral Gurgel, Luiz Carlos Delben Leite, secretário da Ciência e Tecnologia do estado de São Paulo, e Ciro Gomes, que na época era governador do Ceará, discursam na ocasião da assinatura do protocolo de intenções à Gurgel Motores para a instalação da fábrica no estado.
À direita, um lote de Supermini 0 km é levado a concessionárias.

A origem

Embora a marca Gurgel tenha desaparecido do cenário automobilístico, ela sobrevive estampando as laterais de triciclos, empilhadeiras e tratores chineses. O nome pertence ao empresário Paulo Emílio Freire Lemos, que adquiriu a marca em 2004, por módicos 850 reais. Lemes construiu no distrito industrial de Três Lagoas (MS) um grande barracão, onde são montadas as máquinas que são importadas da China. Uma das metas do empresário mato-grossense era voltar a produzir os utilitários da Gurgel, algo que nunca foi concretizado.

João Augusto do Amaral Gurgel padeceu do mal de Alzheimer durante doze anos, doença que se manifestou logo após a falência de sua empresa. Ele faleceu no dia 30 de janeiro de 2009, aos 83 anos. Durante seus 27 anos de atuação frente à indústria automobilística, a Gurgel colocou mais de 40.000 unidades nas ruas brasileiras, além de outras tantas unidades exportadas. Preocupada em manter a versatilidade em inovar e se antecipar ao mercado, a Gurgel foi a primeira fabricante de veículos 100% nacional, sendo responsável pela produção de utilitários militares a jipes rurais e urbanos, passando por pequenos carros populares.

Durante sua trajetória, a empresa, que surgiu quando no Brasil só imperavam grandes grupos multinacionais, aliados a reserva de mercado, venceu algumas vezes e perdeu em outras, mas obteve êxito em garantir seu lugar de honra na história da indústria automobilística brasileira. Mesmo depois de quase vinte anos de seu desaparecimento, ainda é possível ver os valentes carros produzidos em Rio Claro pelas ruas, despertando o interesse das pessoas pela obra do engenheiro que muitos taxaram de visionário e de sonhador, mas que nunca deixou de acreditar em seu país.

Massa falida da Gurgel: carros inacabados.

MotoMachine (com Amaral Gurgel a bordo), BR Delta e uma nova família de modelos Supermini: a Gurgel iria atacar em três frentes distantes para continuar ativa no mercado.

CAPÍTULO 2

A EVOLUÇÃO DOS MODELOS

1966-1969 – GURGEL 1200

Embora ainda fosse produzido pela Macan, podemos dizer que o Gurgel 1200 foi o primeiro carro feito pelo engenheiro Amaral Gurgel. O Macan "Gurgel" tinha como atributos ser um modelo polivalente, podendo atender a vários propósitos, diferente do buggy da mesma época, usado mais para diversão. Para tanto, a Gurgel encurtou o chassi do Fusca em 36 cm, que passou a ter 2,04 m de distância entre eixos e um comprimento total de 3,70 m. A princípio, só estava disponível o motor de 1.200 cm^3 com 30 cv de potência a 3.700 rpm, acoplado ao câmbio manual de quatro marchas, que podia atingir velocidade máxima de 115 km/h. Em 1968, o modelo ganhou a opção do motor de 1.300 cm^3 e posteriormente a opção do trem de força de 1.500 cm^3.

Toda a parte mecânica era coberta por uma carroceria conversível de plástico reforçado de fibra de vidro, que podia transportar quatro passageiros mais bagagem, pois havia um porta-malas na dianteira, outra vantagem do modelo da Gurgel sobre o buggy. As particularidades da construção e o desenho do Gurgel 1200 chamaram a atenção do designer italiano Nuccio Bertone, quando ele esteve no país para ser jurado do concurso Troféu Quatro Rodas, em maio de 1967, evento patrocinado pela revista automotiva que levava o nome do prêmio.

Visualmente, chamava a atenção o par de faróis redondos que conferiam um ar "agressivo". O para-brisa podia ser rebatido, a armação da capota podia ser dobrada e os para-choques cromados recebiam garras.

Mais conhecido como Ipanema, o Macan Gurgel 1200 foi o primeiro automóvel feito pelo engenheiro Gurgel.

A evolução dos modelos

Uma rara imagem da versão Augusta, modelo de luxo do Gurgel 1200 que trazia bancos de couro e faixa branca nos pneus.

Nas laterais, estribos cromados deixavam o visual com ar sofisticado. Estavam disponíveis quatro versões de acabamento para o Gurgel: Ipanema, Augusta, Enseada e Xavante. Os modelos Ipanema e Enseada eram apropriados para o lazer; já o modelo Augusta era a versão de luxo do Gurgel 1200, pois trazia painel com instrumentação especial, piso revestido com carpetes, supercalotas e volante esportivo.

O Xavante era uma variante rústica apropriada para o fora de estrada. Pela primeira vez, se via o termo Selectraction.

O sistema nada mais era do que duas alavancas posicionadas ao lado do freio de mão, com a função de bloquear uma das rodas que estivesse girando em falso, de maneira a transferir a força para a roda que estivesse tocando o solo. De concepção simples, o tal sistema acabou se tornando o cartão de visitas da Gurgel. Entre os opcionais, havia engate para reboque, guincho, bancos de junco, assentos reclináveis, teto rígido ou praiano. Os pneus podiam ter a medida de 5,60 15, ou do tipo lameiro 6,40 × 15, opcional.

O Macan Gurgel exposto no Salão do Automóvel de 1966, modelo que chamou muito a atenção do público.

Em outubro de 1969, a revista *Quatro Rodas* fez o teste com um Gurgel equipado com o motor VW 1500 e se referiu ao modelo como um "jipe esportivo", já que o modelo podia percorrer rodovias a uma velocidade de 100 km/h, e sem perder a valentia em estradas de terra. A reportagem citou ainda a peripécia que o piloto da publicação fez ao saltar um barranco com quase 1 m de altura. O tal "jipe esportivo" em questão era ainda um protótipo que estava em avaliação, mas já ditava os rumos de um novo modelo que a Gurgel lançaria em breve.

1969-1971 – GURGEL QT

Após completar quatro anos de atuação no mercado e ter adquirido fama como fabricante de veículos fora de estrada, a Gurgel lançou a evolução do Macan Gurgel 1200, popularmente conhecido como Ipanema. O novo membro da família foi batizado de Gurgel QT, ou Qualquer Terreno. Visualmente, as diferenças eram sutis, as principais se resumiam à dobradiça do capô, que passou a ser embutida; à armação do para-brisa, que passava a ser mais grossa; à lanterna traseira, que deixava de ser redonda para ser retangular; à adoção de Santo Antônio, no lugar da armação dobrável para a capota, além de para-choques retangulares com um friso preto no meio, no lugar do cromado com duas garras verticais. No para-lama traseiro, foram adotadas duas entradas de ar. Como opcionais, podia receber bancos

Amaral Gurgel no volante de um QT. O modelo cunhou o termo "Qualquer Terreno".

A evolução dos modelos

Versátil: assim era o Gurgel QT, que podia trabalhar pesado no campo durante a semana e servir como carro de passeio aos fins de semana.

dianteiros em forma de concha, banco traseiro reclinável para aumentar a capacidade de carga e capota de náilon.

Para colocar à prova todas as qualidades do QT, a Gurgel disponibilizou para rodar dez protótipos ainda no ano de 1968, os quais foram submetidos aos mais variados testes, semelhantes ao que foram feitos no campo de prova do Exército, em Gericinó e na restinga do Marambaia. A Petrobras testou o Gurgel nas praias do Litoral Norte, na estrada São Sebastião-Salesópolis, e o modelo agradou aos engenheiros da estatal, que reconheceram qualidades como o baixo consumo, a carroceria anticorrosão e a facilidade de vencer obstáculos. Nas usinas de açúcar do interior do estado de São Paulo, o QT agradou aos agrônomos que o usaram para inspecionar a lavoura de cana-de-açúcar, que ficaram surpresos com o desempenho do jipe. Acabaram encomendando dez unidades.

Outra conquista alcançada teve a ver com o projeto industrial encaminhado ao Geimot – Grupo Executivo da Indústria Automotora –, que havia sido aprovado em 14 de janeiro de 1969, e, finalmente, em 1º de setembro de 1969, conforme a resolução nº 54 do Ministério da Indústria e Comércio, com o qual a Gurgel foi oficialmente reconhecida como uma empresa do ramo automobilístico. O Gurgel QT tornou-se, assim, o primeiro carro fabricado pela Gurgel Motores S.A.; com isso, a empresa passou a ter permissão do Geimot para exportar seus carros, além de autorização do Banco do Brasil de conceder empréstimos para aquisição de veículos novos a serem utilizados na agricultura.

Aliás, foi no campo que o Gurgel QT encontrou uma área fértil para se desenvolver e crescer, fazendo jus ao mote "A mais moderna 'montaria' brasileira". Com um preço relativamente baixo, de 15.000 cruzeiros à época, versátil e de baixa manutenção, os clientes da Gurgel passaram a ser os fazendeiros que trocavam os combalidos jipes Willys pelo valente utilitário. O QT podia desempenhar várias atividades, como campear gado, vistoriar áreas cultivadas e até atuar como veículo de entrega, uma vez que tinha a opção da caçamba de fibra de vidro, ideal para transportar até 200 kg de carga. Ele podia receber motores VW de 1.300 cm^3 com 38 cv, ou 1.500 cm^3 com potência de 44 cv. Por ser pequeno e ter um baixo centro de gravidade, além de pesar somente 600 kg, o Gurgel QT se saía muito bem no asfalto. Com a opção de rodas esportivas de magnésio cobertas com pneus 6,70-725 × 13, transformava-se em um verdadeiro utilitário esportivo, como enfatizava o catálogo de apresentação.

Segundo matéria do jornal *Folha da Tarde*, de outubro de 1970, a Gurgel até aquela data havia colocado no mercado 50 unidades do QT, com capacidade para fabricar dez veículos por mês. Com o aumento gradativo da produção, a Gurgel começava a estudar os primeiros pedidos de exportação que havia recebido da Bolívia, Uruguai e Argentina. Outra conquista para o Gurgel QT aconteceu em março de 1971. Colin Chapman, então campeão mundial dos construtores de Fórmula 1 e diretor da Gold Leaf Team Lotus, e o piloto da escuderia, Emerson Fittipaldi, testaram em Interlagos seis carros para a revista *Quatro Rodas*. Publicou a revista na época: "Terminados os testes, Chapman viu um Gurgel QT (que é equipado com a mecânica Volkswagen) e quis experimentá-lo, na pista e no acostamento. Gostou muito. 'É um carrinho ideal para quem quer se divertir', disse".

Gurgel QT ao lado de um protótipo de corrida no pátio da concessionária Macan.

A evolução dos modelos

1970-1971 – GURGEL BUGATO

Embora a Gurgel viesse explorando bem o mercado de utilitários, a empresa viu possibilidades de ganhar terreno ao competir com tradicionais buggies de recreação, como o Kadron e Wood. Assim nasceu o modelo Bugato, uma tentativa da Gurgel de vender um buggy com proposta mais jovial. O Bugato tinha um visual bem diferente dos concorrentes da mesma época, a começar pela dianteira, que ganhava uma falsa grade, o que lhe conferia um ar mais esportivo, remetendo-o aos carros esportes europeus dos anos de 1930 a 1950. Aliás, o nome Bugato nasceu da junção dos nomes Buggy e Bugatti.

Outro diferencial se referia à forma de comercialização. Caso o cliente fizesse a opção por comprar somente o kit, a Gurgel remetia à residência do comprador todos os componentes, mais o manual de montagem. O kit básico compreendia carroceria, porta-malas, tampa do porta-malas, painel de instrumentos (sem os relógios), tubo de direção, armação do para-brisa, Santo Antônio e todas as peças metálicas para a fixação do chassi e seus agregados. Entre os acessórios, havia os para-choques, faróis, rodas de magnésio aro 13 de 6,5 polegadas, pneus especiais, bancos anatômicos e a tampa plástica para

Bugato: modelo unia o espírito jovem de um buggy com acabamento de carro de passeio. No esquema "faça você mesmo", a Gurgel oferecia o Bugato na forma de kit para que todos pudessem criar seus próprios carros e terem um modelo único.

Clássicos do Brasil

O motor VW a ar podia ficar aparente ou receber uma tampa acrílica transparente.

cobrir o motor, que poderia ser opaca ou transparente. Havia também a opção de uma capota fixa com janelas, já como uma alternativa mais esportiva havia a opção de uma capa plástica transparente.

O Bugato podia ser montado sobre qualquer plataforma VW a ar, Fusca, TL, Variant e Karmann-Ghia. Para "vestir" a carroceria, o chassi tinha que ser cortado e a distância entre eixos reduzida. Com isso, o comprimento passaria para 3,35 m. O restante era mantido original com motor, caixa de câmbio, freios e suspensão. Para transformar um Fusca em um Bugato, gastava-se, segundo a moeda da época, 6.800 cruzeiros, com todas as despesas incluídas. O kit básico saía por 3.500 cruzeiros, cabendo ao dono fazer a montagem por conta própria, adicionando os acessórios aos poucos, entretanto, era um trabalho dispendioso. Muitos clientes deixavam a tarefa da montagem para a própria Gurgel, trabalho que levava dois dias. Quem pudesse pagar pelo Bugato pronto, montado sob um chassi VW 0 km, pagava 17.000 cruzeiros, valor alto, já que o modelo era considerado um esportivo e não um utilitário.

A revista *Quatro Rodas* testou uma unidade do Bugato equipado com motor VW 1.600 cm^3 de 65 cv, com carburação dupla e comando de válvulas modificado. Segundo a publicação, o desempenho agradou e as acelerações eram vigorosas. Entretanto, a velocidade máxima ficava prejudicada pelo desenho frontal e o para-brisa alto que atrapalhava a aerodinâmica. Para tanto, a Gurgel já oferecia o para-brisa do modelo QT, de menor dimensão. Os bancos se mostraram confortáveis e tinham um bom apoio lateral. O painel de instrumento trazia o velocímetro e marcador de combustível VW, além de um amperímetro e conta-giros. Para promover o modelo, a Gurgel cedeu um Bugato amarelo, além de um Ipanema vermelho, para o filme *Roberto Carlos a 300 km/h* (1971). Mesmo tendo o rei Roberto Carlos como garoto propaganda, as vendas não decolaram, e foram produzidas apenas vinte unidades.

A evolução dos modelos

1974-1975 – GURGEL ITAIPU E-150

Amaral Gurgel sempre foi uma personalidade atenta às novas tecnologias, além dos problemas cotidianos dos grandes centros urbanos. Em agosto de 1973, o engenheiro encaminhou um ofício ao então prefeito de Rio Claro, Oreste Armando Giovanni, sobre o projeto de um plano-piloto para a implantação de um carro elétrico para transporte urbano, com possibilidade de recarga das baterias nos principais pontos do centro da cidade. O prefeito gostou da ideia, mas só percebeu a real utilidade dos veículos elétricos quando eclodiu a crise do petróleo, no final de 1973, quando o preço do barril saltou dos 3,86 dólares para 12,55 dólares.

Em dezembro do mesmo ano, o prefeito sancionou a lei que "autoriza(va) a criação de pontos de estacionamentos de veículos elétricos urbanos". Com a lei aprovada, o engenheiro Amaral Gurgel acelerou o projeto de seu carro elétrico e, em fevereiro de 1974, apresentou o protótipo do TU (Transporte Urbano), um

O protótipo do TU foi o primeiro estudo da Gurgel em veículos elétricos urbanos.

carrinho de linhas peculiares e com 3 m comprimento, 1,46 m de largura, 1,45 m de altura e peso total de 485 kg. O espaço era para dois passageiros e podia transportar 250 kg de carga a uma velocidade máxima de 60 km/h. Um dos problemas enfrentados naquele primeiro instante foi encontrar um motor elétrico mais leve e com um regime de rotação na casa dos 3.000 rpm. Gurgel só encontrou à venda motores com rotação de 1.700 rpm, valor baixo para gerar potência.

A evolução do TU foi batizada de Itaipu E-150, homenagem à usina hidrelétrica que faz fronteira entre o Brasil e Paraguai. O primeiro protótipo conversível foi apresentado em julho de 1974, e ainda era confeccionado em madeira, servindo para a criação dos moldes em fibra de vidro. O Itaipu trazia várias mudanças em relação ao TU, a começar pelo desenho em forma de trapézio, comprimento de 2,60 m, espaço para dois passageiros e um pequeno porta-malas atrás dos bancos.

Para movê-lo, eram necessárias dez baterias de 120 volts. Três delas alojadas na dianteira, duas no centro e cinco no eixo traseiro. O motor elétrico de 3 kW fornecia potência de 4,09 cv, o suficiente para movê-lo a 50 km/h e atingir até 80 km de autonomia. A tomada para recarga ficava alojada entre os faróis, as baterias podiam ser recarregadas em tomadas de 220 V. Sua carga completa demorava 10 horas.

Um TU sendo recarregado em um ponto de eletricidade ao lado de um VW sedã.

O Itaipu era uma evolução do TU. A foto mostra o primeiro protótipo conversível feito em madeira. O Itaipu ganhou capota fixa e um motor mais potente, mas os altos custos inviabilizaram o projeto de um veículo elétrico no Brasil.

Os primeiros vinte modelos que foram para as ruas, segundo a revista *Quatro Rodas*, de janeiro de 1975, traziam poucas mudanças em relação ao protótipo testado em 1974. A carroceria em fibra de vidro ganhou uma capota fixa, já o comprimento aumentou, indo para 2,65 m, largura de 1,40 m, altura de 1,45 m e distância entre eixos de 1,65 m. O peso era de 780 kg, sendo que 320 kg só das dez baterias. O painel teve os instrumentos reagrupados com velocímetro ao centro, à esquerda a amperagem consumida, e à direita, a quantidade de carga restante da bateria. O motor central, longitudinal entre eixos teve a potência aumentada, com a inclusão de novas baterias menores e mais potentes com potência de 3,2 KW, equivalentes a 4,2 cv, produzidas na Inglaterra, mas que brevemente seriam nacionalizadas.

1971-1975 – GURGEL XAVANTE XT

Após alcançar fama e ter adquirido muita experiência com a venda do Gurgel QT para usinas de açúcar e fazendas, começaram a chegar relatos ao engenheiro Amaral Gurgel de alguns problemas de ordem estrutural do modelo QT. Embora fosse muito resistente, o Gurgel QT acabou revelando uma série de pontos fracos, comuns a todos os buggies quando muito usados em terrenos acidentados. O problema residia no fato de a plataforma Volkswagen, quando sustentava uma carroceria leve e aberta, acabar enfraquecendo-se, passando a sofrer sucessivas torções, além de deformar-se. Resultado: com isso, afetavam-se a resistência e durabilidade do veículo. A Gurgel notou também que

A evolução dos modelos

a fixação da suspensão dianteira e da traseira por barra de torção não era a mais indicada para o fora de estrada.

Para eliminar essas deficiências, a Gurgel partiu de uma folha em branco e, com base nas experiências relatadas, construiu um novo utilitário. O modelo foi batizado de Gurgel Xavante, ou simplesmente XT. A novidade ficava por conta da substituição da plataforma Volkswagen por uma estrutura de tubos de aço de secção quadrada, que recebia a carroceria moldada em fibra de vidro, que então envolvia toda a estrutura. Com isso, Gurgel obteve maior resistência e uma vedação completa do chassi contra água e poeira. O chassi foi patenteado e batizado de Plasteel, união de plástico e aço. A partir daí, a empresa passou a fabricar seus próprios chassis. Embora guardasse semelhanças visuais com o QT, o Xavante trazia um visual mais robusto e detalhes técnicos mais aptos ao fora de estrada.

As linhas leves do Gurgel Xavante escondiam sua característica de esportivo para o trabalho pesado.

O chassi era uma estrutura de tubos de aço que conferia leveza e proteção contra corrosão, além de ser resistente a torções. Um guincho com 25 m de cabo de aço, na dianteira, e pás, nas laterais, ajudavam nos caminhos mais difíceis.

O convite do Exército, para que Gurgel participasse da parada de Sete de Setembro de 1971, fez com que ele rapidamente atendesse aos pedidos de um dos oficiais, que perguntou se seria possível levar alguns jipes pintados de verde militar. Como o desfile estava próximo, imediatamente Gurgel pegou algumas carrocerias do Ipanema/QT, redesenhou a frente e a traseira, para criar um estilo militar e melhor ângulo de ataque e saída. Foram acrescentados para-choques reforçados com dois ganchos de cada lado, protetores de faróis, guincho com 25 m de cabo de aço, engate no para-choque traseiro para reboque, e pás embutidas nas laterais, para ajudar em caminhos de lama. Devido ao recorte da dianteira, o estepe passou a ser embutido sobre a tampa do capô.

Com todas as mudanças, o Xavante passou por testes feitos pelo Exército e pela Aeronáutica, revelando bastante disposição para enfrentar terrenos acidentados, e sem deixar de lado o conforto ao rodar. Isso foi possível porque a Gurgel deslocou os pontos de fixação do eixo dianteiro Volkswagen, da parte central para as extremidades, deixando-o mais firme, o que anulava os problemas de torção do eixo. Também instalou uma chapa de aço para proteger a dianteira. Na traseira, a suspensão com braços oscilantes foi reprojetada e ganhou molas helicoidais, amortecedores e tirantes longitudinais. O sistema Seletraction estava presente.

Visualmente, destacavam-se as linhas sinuosas da lateral, as duas pequenas portas de vinil que, junto com a capota de náilon, poderiam ser retiradas sem dificuldades. O para-brisa podia ser rebatido para frente, deixando o modelo semelhante a um esportivo conversível. Internamente, havia os bancos dianteiros do tipo concha, revestidos em curvim. Para transportar pequenas cargas, o encosto do banco traseiro podia ser dobrado para frente, formando uma pequena plataforma. Como opcional, o Xavante podia receber uma pequena caçamba, conjugada com um teto rígido, o que o transformava em uma pequena picape.

Para a linha 1973, a Gurgel fez algumas modificações na suspensão, permitindo elevar a altura em relação ao solo para 26 cm, o que ajudou a vencer terrenos mais acidentados e esburacados. Também foi oferecida a opção do motor VW de 1.600 cm³ alimentado por um carburador de corpo simples, com potência de 52 cv e torque de 12 m.kgf. O que o XT 73 ganhava era agilidade, pois mesmo com o motor de 1.600 cm³, a relação de marchas e diferencial continuavam a mesma do motor de 1.300 cm³. A união de um motor mais potente com relações de marchas mais curtas fazia com que o jipe da Gurgel pudesse transpor obstáculos com mais energia, sem perder a velocidade ou redução de marchas. Havia ainda a versão XTR, com portas rebaixadas e a opção de teto rígido.

O modelo ainda era produzido na fábrica localizada na Avenida do Cursino, em São Paulo. De lá saíram, em média, 40 unidades do Gurgel Xavante, para serem vendidas no Brasil e alguns países da América Latina.

A versão XTR foi produzida apenas em 1973.

1974-1975 – GURGEL XAVANTE XTC

Em março de 1974, a Gurgel apresentava o modelo Xavante XTC, evolução do Xavante XT. A nova variante XTC, em relação ao irmão XT, deixava de lado o caráter militar, para poder atuar melhor no asfalto e em terrenos acidentados. Para atender às necessidades de seu uso fora de estrada, a Gurgel resolveu dar ao modelo um chassi mais robusto. Embora idêntico em sua forma, de tubos de aço de secção quadrada, a nova estrutura apresentava novas dimensões e um novo gabarito. Mantinha os 2,04 m entre eixos, mas o tamanho passava dos 3,60 m de comprimento no XT, para 3,66 m no XTC.

O Xavante XTC ganhou novo desenho e chassi tubular, mais apropriado para o asfalto.

Na aparência, o Xavante XTC trazia linhas totalmente novas e distintas. Embora a dianteira ainda lembrasse o Xavante XT, havia agora quatro faróis protegidos por grades. Na lateral saiu de cena o perfil arredondado sobre os para-lamas, que caracterizavam o XT, para uma silhueta com rebordo, em toda a sua volta e com linhas mais retas. As pás passaram a ser fixadas na porta, antes havia um recorte na carroceria para serem prendidas. Na lateral traseira foram adicionadas entradas de ar.

No interior, o XTC apresentava um melhor aproveitamento de espaço. Os bancos dianteiros passaram a ser estofados e com abas laterais mais pronunciadas. A diferença marcante estava na parte de trás, pois o banco ficou maior, além do espaço para as pernas, que foi otimizado, com maior área livre. A altura do banco até a capota também aumentou. O painel de instrumentos, que era central, passou a ter os relógios situados à frente do motorista. A alça de apoio para o acompanhante da frente era a mesma utilizada nos Volkswagen. Por fim, o volante esportivo utilizado no XT foi trocado pelo mesmo utilizado no Fusca, já que muitos donos achavam o volante esportivo pequeno e pouco prático para o uso no fora de estrada.

Quanto à mecânica, o XTC só estava disponível com o motor Volkswagen de 1.600 cm^3, alimentado por um carburador de corpo simples, com potência de 52 cv líquido e torque de 12 m.kgf. Mantinha a relação de marcha do Xavante XT, com coroa e pinhão do motor VW 1.300 cm^3, com relação final de 4,325:1, que conferia bastante agilidade e torque nas rodas. Já o eixo dianteiro foi alterado em mais de 10º, em comparação com a posição utilizada no XT, ganhando altura em relação ao solo. O sistema de escape também foi revisto, pois proporcionava melhor ângulo de ataque e saída. Os pneus usados no XTC eram maiores do que os utilizados no XT, tipo cidade-campo, 6.70 – 15, em vez de 5.60 – 15. Esse pneu tinha um

A evolução dos modelos

Nessa rara imagem, é possível observar a estrutura tubular de aço e a nova disposição da suspensão dianteira e do sistema de escape.

desenho diferente em sua banda de rolagem, que deixava o carro mais agarrado ao solo enlameado.

Durante os testes realizados pela revista *Quatro Rodas*, em março de 1974, o Gurgel XTC mostrou ter boa mobilidade e valentia para vencer os terrenos mais difíceis. Uma das provas consistia em fazer o modelo pular um obstáculo de quase 1 m de altura. O piloto de testes, Expedito Marazzi, deu vários pulos com o XTC, sempre fazendo o jipe tirar as rodas do chão. Em nenhum momento o utilitário apresentou problemas mecânicos. Ao adentrar um caminho de mato

de aproximadamente 1,5 m de altura, o veículo foi mantendo a marcha e abrindo sua picada. No asfalto, o XTC mantinha o comportamento ágil, verificado nas

A Gurgel também oferecia como opcional uma caçamba com capacidade para 200 kg de carga ou uma capota de perfil aerodinâmico.

arrancadas, onde pulava para frente em cada acelerada, devido ao motor 1.600 cm³ e diferencial curto. Toda essa valentia já tinha um destino: os seis primeiros Gurgel XTC foram exportados para a Guatemala.

O XTC foi um marco importante da Gurgel, porque com esse modelo a empresa atingiu seu primeiro milhar de veículos vendidos. Isso ocorreu em 16 de agosto de 1974, quando um XTC foi faturado pela Itabera Motor, da Bahia.

1975-1977 – GURGEL XAVANTE X-10

Sempre em constante evolução e em busca de melhores resultados, em julho de 1975 a Gurgel apresentou o terceiro modelo a ostentar a letra "X" – tratava-se do Gurgel X-10. Além de trazer uma série de modificações de ordem estética e funcional, foi o modelo responsável por inaugurar a nova linha de produção da planta de Rio Claro, no interior de São Paulo.

As alterações na aparência do novo modelo começavam com a adoção de um novo para-choque dianteiro, todo feito em fibra de vidro e incorporado à dianteira do veículo. Essa solução colocou fim a dois problemas que ocorriam com

Nova fábrica, um novo carro: ao se mudar para a cidade de Rio Claro, a Gurgel lançou o modelo X-10. Um lote de X-10 no caminhão cegonha. À direita, linha de produção dividida entre o modelo civil e militar.

A evolução dos modelos

o modelo XTC. Primeiro, o antigo para-choque de ferro, ao ser atingido em caso de batidas, deformava-se. Dependendo da força da batida, ele atingia parte da carroceria, gerando pequenas trincas na fibra. Com a modificação, apenas a parte central, à frente do guincho, era confeccionada em aço. Com o recuo e, ao mesmo tempo, com a elevação do para-choque dianteiro, o X-10 ganhou maior ângulo de ataque, o que contribuía para o uso fora de estrada. Outra modificação efetuada foi na fixação do guincho, ancorado em dois pontos da estrutura do carro, que assegurava melhor apoio quando rebocado.

O tanque de gasolina foi deslocado mais para trás, o que aliviou o peso sobre o eixo dianteiro, redistribuindo melhor a massa e o centro de gravidade. Essa mudança possibilitou a fixação do estepe dentro do cofre dianteiro, com a tampa moldada na forma da roda. Antes o pneu sobressalente era fixado sobre o capô. Na traseira o para-choque também foi integrado à carroceria com suporte para ganchos. Já as tomadas de ar, antes instaladas atrás das caixas de rodas traseiras e sujeitas a captar mais pó, foram fixadas atrás das portas. O motor foi fixado mais atrás, ganhando uma nova chapa de proteção, além da opção do filtro de ar seco. Por fim, a suspensão traseira ganhou melhorias nas cintas limitadoras e menor cambagem das rodas.

A polícia florestal do Rio de Janeiro recebe um lote do novo Gurgel Xavante X-10. Órgãos governamentais eram os maiores clientes da Gurgel e serviam como plataforma de testes para seus carros.

Folder do X-10 exibe as modificações feita para o fora de estrada: para-choques reforçados e proteção para motor e câmbio.

A modificação que mais chamou a atenção no Gurgel X-10 estava no interior do veículo, que ganhou um console que se prolongava pelo túnel central até o banco traseiro. O console fundido ao painel que, à primeira vista, apresentava um efeito puramente estético, tinha como intuito contribuir para deixar o chassi mais robusto, já que a base do console central ligado à base do banco traseiro formava um conjunto "amarrado", contribuindo para o menor desgaste do chassi. Esse novo console diminuiu o nível de ruído interno. Outra readequação foram as duas alavancas do sistema Seletraction, colocadas mais para trás em relação à alavanca de câmbio.

Outra modificação se aplicou ao layout do painel de instrumentos, com reagrupamento dos relógios, e a opção de rádio e limpador de para-brisa com duas velocidades. Por fim, os bancos dianteiros passaram a ser fixados por travas, o que impedia que, em freadas bruscas, os assentos corressem para frente.

A evolução dos modelos

1975-1988 – GURGEL X-12

Com o modelo X-12, a Gurgel conquistou boa reputação nacional e mundial na fabricação de veículos para o uso fora de estrada, sendo fabricado com esse nome de 1975 a 1988. Esse foi o modelo mais conhecido e vendido da marca, chegando a deter sozinho 75% das vendas de utilitários no Brasil. Foi lançado no final de 1975 para atender às necessidades de uso do Exército, que obrigou a Gurgel a introduzir uma série de modificações e especificações que o modelo X-10 não havia conseguido alcançar. Tais solicitações feitas pelas Forças Armadas se aplicavam a um veículo com maior autonomia, maiores ângulos de ataque e saída e reforços estruturais.

Assim nasceu a versão X-12 M (Militar) para ser incorporada à frota do Exército, mas, logo em seguida, começaram as vendas também para civis. O X-12 não foi um substituto natural da versão X-10, que permaneceu sendo produzida. Lado a lado, o X-10 e o X-12 pareciam ser o mesmo carro, embora existissem mais diferenças do que semelhanças em ambos os projetos. Devido a uma série de modificações exigidas pelas Forças Armadas no Xavante X-10, tais mudanças acabaram por influenciar o aspecto geral do projeto. A começar pelo tamanho, que foi encurtado, passando dos 3,50 m de comprimento no X-10 para 3,30 no X-12, mantendo-se inalterada a distância entre eixos, de 2,04 m. Os para-choques também foram suspensos e, com isso, o modelo ganhou mais capacidade de enfrentar terrenos aci-

O X-12 foi criado para atender um pedido do Exército brasileiro, que precisava de um veículo ágil e capaz de vencer trilhas.

dentados, já que o ângulo de ataque subiu para 56º e de saída para 34º, diminuindo a possibilidade da parte inferior do carro tocar o solo.

Embora o X-12 tenha passado com louvor nos testes efetuados pelo Exército brasileiro no Morro do Marambaia, Rio de Janeiro, os generais levantaram a preocupação quanto ao fato de que, no caso de uma explosão, os estilhaços de fibra de vidro pudessem vir a ferir os combatentes e não ser detectado por raios X. Rapidamente, Amaral Gurgel ligou para o médico e amigo pessoal Roberto Godoy, o mesmo que o havia ajudado a desenvolver o banco anatômico, para saber se havia algum produto no mercado que pudesse ser misturado à fibra, para ser identificado pelos raios X. O médico sugeriu misturar sulfato de bário à resina de poliéster usada no monobloco. A fórmula era a mesma usada para exames do aparelho digestório. Assim, em pouco tempo, com determinação, o engenheiro sanou as dúvidas dos generais. O empenho valeu a compra de 40 unidades do X-12.

As mudanças na aparência do novo modelo foram mais profundas. Na dianteira, o X-12 contava com dois faróis ao invés dos quatro antes usados no X-10, protegidos por uma grade. O guincho manual passou a ficar embutido na carroceria. Devido à diminuição do tamanho, o porta-malas acabou perdendo volume, já que passou a abrigar o estepe sobre o tanque de combustível. A capota de lona ficou mais curta e alta. Outra inovação foi o uso do camburão de gasolina instalado no lado esquerdo, uma das exigências das Forças Armadas, que acabou prevalecendo na versão civil. Com capacidade para 20 litros de combustível, permitia aumentar a autonomia em 50%. Podia ser fabricado em plástico ou metal sempre pintado na cor da carroceria.

Já no lado direito, onde na versão militar havia um espaço para a instalação do rádio transmissor, na versão civil acabou recebendo um segundo porta-luvas, para acomodar pequenos objetos. Outra mudança foi na pintura, já que o X-10 era

A versão civil tinha poucas mudanças em relação à militar. O camburão de gasolina foi mantido e se tornou uma característica dos X-12.

A evolução dos modelos

pintado com uma só cor por dentro e por fora, e, no X-12, a parte interna ficou toda preta. No interior, os bancos dianteiros ganharam um novo sistema de regulagem, mais simples e seguro, além de uma trava de encosto. Na parte traseira foi aumentada a altura do assento para acomodar melhor os passageiros.

O X-12 foi o primeiro Gurgel a rodar com etanol. O modelo foi um dos três primeiros carros oficialmente convertidos para combustível vegetal. Além dele também participaram o Fusca 1300 e o Dodge Polara. Para divulgar a pesquisa sobre o álcool combustível, o então CTA (Centro Técnico Aeroespacial) promoveu a Caravana

O X-12 E trazia itens inéditos como capota de trevira, bancos com encosto alto e rodas de magnésio, uma tentativa da Gurgel de oferecer mais luxo ao seu utilitário.

Gurgel alcoólico: o modelo X-12 foi cedido pela marca para o programa do Pró-Álcool. À direita, os técnicos do CTA (hoje DCTA) abastecem o X-12 com álcool anidro.

da Integração Nacional, que percorreu 8.000 km com os três veículos. Segundo a medição feita durante a viagem, o X-12 fez médias de consumo na casa dos 8,5 km/l.

Dessa geração, existem dois modelos raros e difíceis de serem encontrados. Um é o X-12 Blue Jeans, lançado em abril de 1977. Essa versão trazia bancos, teto e portas revestidos em tecido jeans desbotados, uma moda inédita no Brasil, mas bastante usada na Europa e nos Estados Unidos. Na parte externa chamavam a atenção as rodas traseiras e o para-lama mais abaulado, para abrigar as rodas aro 15, mas de tala 11 pol. cobertas com pneus Dunne Buggy, da Firestone. Esses pneus inflados com pressão de 6 libras permitiam uma melhor aderência em solo arenoso.

Já o Gurgel X-12E trazia um melhor acabamento, além de lanternas do Chevette. O acabamento mais refinado incluía cinto de segurança de três pontos, bancos mais confortáveis forrados em napa, assentos de trás individuais e bolsas para guardar documentos nas laterais das portas. O visual era mais requintado por conta da capota de trevira, um material mais resistente do que a lona, e as portas feitas em fibra de vidro. Na traseira, a tampa do motor ganhou um novo desenho com o nome "Gurgel" grafado em letras garrafais. No material de divulgação, o X-12E era pintado em marrom fosco e o interior todo marrom-claro, o que conferia um ar pouco mais sofisticado ao utilitário.

1976-1978 – GURGEL X-12 TR

Um novo X-12 foi apresentando em outubro de 1976 e com ele a Gurgel decidiu apostar em um visual totalmente renovado, mais parrudo, já que pela primeira vez era oferecido o teto rígido, chamado de TR. Chamavam a atenção a aparência robusta realçada pelo novo capô mais alto e a dianteira chanfrada com os faróis protegidos por grades. Ao centro, havia o tradicional guincho manual. Na traseira, o destaque era o filtro de ar posicionado ao lado direito,

Com um desenho todo novo, mais invocado, o X-12 trazia pela primeira vez a capota rígida integrada, que oferecia mais proteção aos ocupantes.

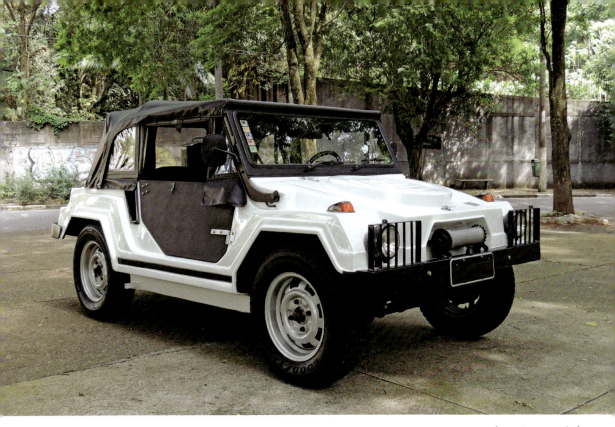

A versão conversível do X-12 adotava uma dianteira diferente do X-12 TR.

além do reservatório suplementar de 20 litros de combustível. De lado, a capota rígida casava bem com as linhas retilíneas e oferecia mais conforto aos passageiros, já que os protegia do frio e da poeira, algo que o teto de lona não oferecia. As portas apresentavam vidros de correr.

No interior, destaca-se o revestimento branco do teto, o mesmo usado nos modelos da Volkswagen. Havia algumas diferenças quanto ao acabamento, como alças para os passageiros de trás segurarem, enquanto somente o motorista contava com quebra-sol. Registraram-se mudanças também na dinâmica, pois a Gurgel efetuou modificações na suspensão dianteira, com os amortecedores sendo fixados e inclinados mais para trás, além da adoção de chapas de aço para proteger a suspensão e o conjunto de motor e câmbio. O X-12 tinha ângulo de ataque de 70% e de saída de 34%.

Na traseira, o visual era igual em ambos os modelos.

Pequenas modificações visuais foram efetuadas nos modelos de 1977/78, como a retirada da grade de proteção dos faróis, a introdução de rodas exclusivas em aço, da própria Gurgel, e a instalação de uma claraboia no teto, que agora podia ser pintada na cor da carroceria, antes só oferecida na cor preta. Em agosto de 1978, um X-12 TR de número 5.000 deixava a linha de produção. O veículo foi adquirido pela prefeitura da cidade de Rio Claro, sede da empresa.

1979-1982 – GURGEL X-12

Sem qualquer modificação mecânica, o Gurgel X-12 de 1979 ganhou novidades na carroceria e no habitáculo, com mais espaço para os passageiros. O X-12 ganhou 1 cm a mais no comprimento e 2,5 cm a mais na largura, passando a ter 3,31 m de comprimento e 1,65 m de largura. O para-brisa ficou mais inclinado, a altura do veículo diminuiu, indo de 1,58 m para 1,56 m.

A evolução dos modelos

Isso permitiu uma leve diminuição da área frontal do veículo. Na dianteira, os faróis passaram a ser embutidos e o para-choque mais largo. Nas laterais as portas foram ampliadas, o que facilitou a entrada e a saída dos ocupantes. Já na traseira, as lanternas de maiores dimensões e com luz de ré também foram fixadas à carroceria. Por fim, o camburão de combustível foi deslocado do lado esquerdo para o lado direito, para melhorar a visibilidade ao motorista.

A fábrica também introduziu mudanças na parte interna: o painel ganhou um novo desenho e uma melhor distribuição dos instrumentos, embora continuasse apenas com o velocímetro e medidor do nível de combustível. Os botões de acionar os faróis e o limpador de para-brisa foram substituídos por teclas localizadas à direita do volante. Outra tecla foi adicionada para o pisca-alerta, que não existia nos modelos anteriores. O rádio agora tinha um local próprio para instalação e o motor do limpador de para-brisa foi deslocado para dentro do porta-malas. Para mais conforto, havia desembaçador com duas velocidades e o volante com novo desenho.

O X-12 dispunha de uma ampla variedade de versões, com teto de lona (canvas), teto rígido, RM (Teto Rígido de Manutenção), configurações voltadas para serviços de manutenção, em que os vidros laterais traseiros eram substituídos por pequenas portas que davam acesso

Na linha 1979, o X-12 ganhou uma dianteira menos bruta e o espaço interno foi ampliado. O X-12 oferecia uma ampla gama de versões. Na foto à esquerda, o modelo Caribe e o militar com pneus tipo Dunne.

O X-12 sendo usado pela polícia de Dubai.

ao baú, Caribe e Militar. Como opcionais havia placas protetoras da suspensão e do conjunto motor/câmbio, bancos reclináveis e rádio AM/FM. O motor podia ser o VW 1.600 cm^3 a ar, movido a gasolina ou a álcool. Na motorização havia três opções: quando equipado com carburador de corpo simples a gasolina, dispunha de 48 cv e torque de 10 m.kgf; já com dupla carburação e alimentado por combustível fóssil, a potência era de 53 cv e o torque de 10,7 m.kgf. Mesmo não sendo favorável ao álcool, havia a opção do motor 1,6 litro de dupla carburação que fornecia 56 cv e 11,3 m.kgf de torque.

Para 1981, o X-12 recebeu algumas melhorias, com a introdução dos freios a disco nas rodas da frente, nova geometria da suspensão dianteira, bancos com novo acabamento e telas de proteção nas entradas de ar. No catálogo do fabricante, afirmava-se que o modelo era usado por unidades especiais de patrulhamento, serviços de saneamento e reflorestamento e que 25% da sua produção era exportada para cerca de 30 países, das Américas, África e Oriente Médio.

Em janeiro de 1981, a revista *Motor 3* testou o Gurgel X-12 na pista de motocross de Interlagos, tirando as quatro rodas do carro do chão nos saltos pelos obstáculos. Em um box cinza inserido na matéria (p. 26), o jornalista José Luis Vieira fez um elogio que vale a pena ser transcrito aqui: "O que mais me fascina é sua capacidade de imediatamente me deixar vinte anos mais moço. Não é um carro para machões, e sim para crianças de todas as idades. É um farrista sensacional".

1983-1988 – GURGEL X-12

O destaque do X-12 ficava para o interior com assoalho acarpetado e volante esportivo.

Para a linha 1983 dos utilitários X-12, a Gurgel promoveu várias alterações. No visual o destaque ficava por conta da nova dianteira com a grade de desenho horizontal pintada de preto, que englobava os faróis. O capô perdeu a saliência do estepe e o porta-malas foi ampliado, agora cabia ao menos uma mala. Isso foi possível porque o estepe passou a ser embutido no centro do para-choque traseiro. Na lateral, a pequena vigia das portas da versão TR, próxima à altura da maçaneta, foi suprimida com a utilização de um vidro maior. As rodas com pintura branca estavam disponíveis para a versão mais luxuosa.

No interior, o painel ganhou um novo desenho, com uma pequena aba que agru-

A evolução dos modelos

GURGEL X12 TR

pava o interruptor de acendimento dos faróis, além do console central com porta-objetos. O assoalho passou ser acarpetado e as portas com acabamento em tecido, isso no modelo Luxo. O toque esportivo ficava por conta do volante de três raios da marca Panther, que lembrava o utilizado pelo Porsche 911. No modelo TR foi adicionada uma claraboia no teto.

Em 1987, foram acrescentados os acabamentos LE e Plus, o primeiro mais simples e o segundo, de luxo. Mudanças também foram feitas no visual, com a grade dianteira agora em formato quadriculado e com a inclusão de olhos de gato nas laterais. Também foram acrescentadas as faixas laterais decorativas, que viraram símbolo do modelo. Na traseira, as lanternas eram novas, as mesmas utilizadas no VW Gol até 1986. O painel perdeu a aba, mas ganhou um relógio de horas no centro e volante de três raios, que recebeu um novo desenho. O acabamento voltou a ficar despojado, pois foi retirado o revestimento de carpete do assoalho e os bancos ganharam tecidos mais simples.

A falsa grade em preto e as rodas brancas davam um ar mais urbano ao X-12. O porta-malas foi ampliado com estepe sendo deslocado para traseira.

GURGEL X12 L

1989-1995 – GURGEL X-12 TOCANTINS

A Gurgel efetuou a última mudança na aparência do utilitário X-12 em 1989, ocasião em que adotou o sobrenome Tocantins, em homenagem ao novo estado criado em 1988 e localizado na região Norte do Brasil. As novidades começavam na dianteira, com a nova grade com três barras horizontais incorporadas à carroceria, os faróis passaram a ser quadrados e ao centro estava o logotipo "Gurgel". A aparência como um todo ficou mais arredondada em relação ao modelo X-12 anterior.

Visto de lado, o Tocantins mostrava um perfil totalmente diferente dos X-12 anteriores, com aumento de sua dimensão, passando dos 3,31 m de comprimento para 3,48 m; e a largura, de 1,60 m para 1,66 m. As janelas laterais passaram de 46 cm a dianteira, e de 50 cm a traseira no X-12 TR 1987, para 55 e 66 cm, respectiva-

O X-12 maior e mais confortável ganhou o sobrenome Tocantins: a Gurgel sabia que seus utilitários estavam ganhando os centros urbanos.

A evolução dos modelos

Uma rara versão LE sem os adesivos laterais, à esquerda. À direita, vista do seu interior, que ficou mais confortável graças ao teto mais elevado e à área envidraçada ampliada. O painel trazia um novo rearranjo dos instrumentos.

mente, no Tocantins. A vigia traseira passou dos 99 × 32 cm para 109 × 36 cm. A capota foi alongada em 20 cm, cobriu o espaço existente sobre o motor e a saliência que servia para acomodar o camburão de combustível. A tampa do motor foi remodelada e recebeu entradas de ar maiores para melhorar a refrigeração. O estepe podia ser guardado no interior do porta-malas, sobre o bagageiro ou fixado em uma nova armação de ferro na traseira.

As larguras das colunas B e C foram reduzidas, o que permitiu uma melhor visibilidade para o motorista. As portas cresceram um pouco, foram aumentadas em 3 cm entre a coluna A e B, somados os 6 cm do vão da base, o que contribuiu para o melhor acesso dos passageiros ao banco de trás. As portas também ganharam novas maçanetas, mais ergonômicas.

O painel de instrumentos remodelado teve os relógios reagrupados para melhor visualização. Sobre a face direita do painel, um espaço passou a servir como porta-objetos. Os bancos ganharam novos revestimentos e o assoalho foi revestido com tapetes de borracha. Na parte mecânica, a suspensão dianteira incorporou a barra estabilizadora, já a suspensão traseira trouxe novas molas que promoveram uma maior aderência dos pneus ao solo. Como opcional, foram oferecidos pneus radiais sem câmera da marca Firestone F-560, de medida 185/70, que melhoravam o conforto ao rodar no asfalto. Por fim, o sistema de escape foi revisto, o que proporcionou um menor nível de ruído interno.

Como a Gurgel passou a se dedicar quase que exclusivamente à produção do BR-800 e, posteriormente, à do Supermini, o Tocantins passou a ser feito

Gurgel X-12.

Canto do cisne: assim era o Tocantins 1995, que trazia somente uma nova grade. O interior estava mais aconchegante com bancos totalmente revestidos em tecido.

somente sob encomenda. Os últimos modelos saíram da linha produção em 1995, pouco antes da derrocada da marca. Eles traziam poucas diferenças, como a grade bipartida. No interior havia outro padrão de tecido para os bancos, o revestimento central era o mesmo do Supermini e a tampa do porta-luvas passou a ser do BR-800. O motor a gasolina era o mesmo do Fusca Itamar de 1,6 litro com carburação dupla. Quando movido a álcool tinha potência de 58 cv e torque de 11,9 m.kgf. Ao contrário do Fusca, o Tocantins não teve catalisador.

1976-1979 – GURGEL X-20

Com o mote "a pick-up definitiva", a Gurgel lançou no Salão do Automóvel de 1976 o veículo de carga X-20. A picape tinha a seu favor uma ampla gama de versões e o diferencial de poder rodar em terrenos acidentados, devido a sua grande altura em relação ao solo e aos vãos livres da dianteira e traseira. Era um utilitário de tamanho compacto, embora suas linhas retas dessem outra impressão, ele levava três passageiros, tinha uma média de 3,68 m de

comprimento, 1,80 m de largura, pesava 1 tonelada e transportava 500 kg carga. Com um tanque de 80 litros, tinha autonomia de 750 km.

Estava disponível na versão com caçamba, baú com portas corrediças e manutenção. Em 1979, a Gurgel apresentava a versão plataforma, que podia atender clientes militares e civis. A X-20 plataforma não tinha a cabine de teto rígido e seu para-brisa podia ser rebatido ou retirado. O projeto previa modelos para transporte de cargas internas, com base móvel para canhões, o que fez a Gurgel demonstrar alguns modelos para as Forças Armadas brasileiras.

O desenho peculiar da X-20 contrastava com sua capacidade de transpor terrenos acidentados. A versão plataforma foi testada pelo Exército como base móvel de canhões.

"Jipão": essa era a definição do X-15. Embora tivesse um visual inusitado, era um utilitário bastante versátil e valente.

1979-1982 – GURGEL X-15

Descrito como um veículo maciço e sólido para até sete pessoas, ou dois ocupantes mais meia tonelada de carga, em 1979 a Gurgel lançou o X-15, definido pela própria empresa como um "Jipão". Uma das características principais era ser um utilitário versátil, encontrado em cinco versões: X-15 picape; X-15 cabina dupla; X-15-TR; X-15 com capota de lona e X-15 militar. Foi na área governamental que o modelo encontrou seu espaço, além de ter sido testado e aprovado por mais de 30 importantes empresas da área governamental, como as Forças Armadas, Emater, Petrobras, Furnas.

Construído pelo sistema Plasteel, o X-15 era equipado com motor e câmbio Volkswagen de 1.600 cm³, que incluía ainda o Selectration, para vencer os terrenos mais difíceis, e guincho manual com cabo de 25 m. Seu destaque era a boa autonomia, pois o tanque normal tinha capacidade de 80 litros e era complementado com o camburão de 20 litros.

"Jipão": O X-15.

1979-1982 – GURGEL G-15

Lançada em 1979, a picape G-15 foi inicialmente apresentada somente com uma versão de cabine simples e caçamba curta, que podia transportar 500 kg de carga. Em 1981, de olho em novos nichos de mercado, a Gurgel ampliou o portfólio de modelos com a introdução de exemplares com monobloco mais robusto, de chassi longo, além de poder transportar 1 tonelada de carga. Os clientes podiam escolher modelos de cabine simples e caçamba longa, cabine dupla com opção de duas ou quatro portas, para dois ou seis passageiros, com opção de caçamba aberta ou baú. O G-15 furgão com portas laterais podia ser transformado em ambulância e bombeiro; e, por fim, o modelo polícia, de cabine dupla, trazia quatro bancos individuais, abertura do teto para atirador, caixa para transporte de armamentos, sirene com rádio amplificador, entre outros itens.

O G-15 possuía monobloco em uma única peça, que incluía o chassi, cujo conjunto pesava somente 280 kg. Um dado interessante era que a G-15 cabine simples de caçamba longa pesava 1.050 kg em ordem de marcha, e podia transportar em seus 3,11 m² de área útil da caçamba até 1.050 kg de carga, ou seja, 1 kg de carga transportada equivalia ao seu próprio peso, uma excelente proporção. Seus concorrentes diretos tinham peso da ordem de 1.600 kg e só podiam transportar em torno 650 kg de carga.

A revista *Motor 3* testou, em outubro de 1981, uma versão cabine simples de chassi longo e elogiou a sólida construção do veículo, o amplo espaço da cabine, a altura em relação ao solo de 32 cm, que favorecia a incursão em terrenos irregulares, aliado ao sistema Selectration. O tanque de combustível com capacidade para 70 litros conferia autonomia de 600 km; já nos modelos equipados com motor a álcool havia a opção de um segundo tanque de 70 litros. Os pontos negativos ficavam por conta da distribuição de peso quando carregada, já que a repartição de massa ficava muito concentrada na traseira, o que fazia a dianteira ficar mais leve. As portas não tinham travas, já a tampa da caçamba não tinha trava de segurança e limitador de curso.

A picape G-15 de caçamba curta foi a primeira de uma série de utilitários da linha G.

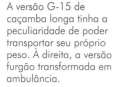

A versão G-15 de caçamba longa tinha a peculiaridade de poder transportar seu próprio peso. À direita, a versão furgão transformada em ambulância.

Uma versão curiosa baseada na picape G-15 de chassi curto foi a Gurgel Van-Guard. O único exemplar feito em 1980 era uma espécie de motor-home com aptidões para o fora de estrada. Media 3,72 m de comprimento, 1,90 m de largura, 1,88 m de altura e entre eixos de 2,23 m. O visual robusto era reforçado pela altura do solo de 30 cm, o guincho fixado na dianteira e o estepe pendurado na parte traseira. Havia duas amplas janelas de vidros fixadas nas laterais, protegidas por cortinas de padrão igual aos assentos e encostos. A janela lateral direita era basculante, erguida com auxílio de amortecedor a gás, para permitir melhor arejamento da parte habitável.

O interior era um misto de sala de estar/dormitório que podia transportar dois passageiros. Na versão sala de estar, havia duas plataformas laterais que podiam ser usadas como sofás; pequenas barras de alumínio se encaixavam e serviam de suporte para uma mesinha central. Ao se retirar as barras, a tampa da mesa se encaixava nos suportes entre os dois sofás, o colchonete que servia de encosto era colocado sobre ele e surgia uma cama que comportava bem um casal de estatura média. Havia uma luminária central alimentada por bateria. Na parte superior traseira havia dois pequenos armários para guardar roupas, travesseiros e cobertores. Um ventilador era fixado na parte direita.

Segundo a reportagem, a primeira viagem feita pela Van-Guard teve como destino Buenos Aires, em janeiro de 1980, tendo servido na ocasião para os repórteres assistirem ao Grande Prêmio de Fórmula 1.

1981-1982 – GURGEL ITAIPU E400/E500

A segunda incursão da Gurgel no campo dos veículos elétricos se deu com os utilitários de carga Itaipu E-400/E-500, que estavam disponíveis nas configurações picape de cabine simples, dupla para cinco ocupantes, furgão de cargas e plataforma. Lançado em 1981, o modelo trazia um motor elétrico Villares de 96 volts, com potência de 10 kW a 3.000 rpm. As baterias eram formadas por oito unidades de chumbo-ácido. A recarga total das baterias ocorria em oito horas e eram feitas em tomadas de 220 volts.

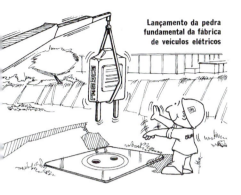

Lançamento da pedra fundamental da fábrica de veículos elétricos.

O criativo convite para o lançamento da pedra fundamental de veículos elétricos.

Para fabricar os modelos elétricos, a Gurgel ergueu um novo complexo fabril na planta de Rio Claro, a primeira da América Latina. A primeira unidade do Itaipu E-400 foi entregue à Telebrás, no dia 4 de maio de 1981. Demais empresas estatais, como a Infraero, Cesp, Telepar também testaram o Itaipu. Essa parceria permitiu à Gurgel receber e avaliar uma série de informações relativas ao uso, comportamento, consumo e desgaste dos seus veículos. Outra vantagem dessa análise foi que ela se estendeu por uma quilometragem maior. Em 1982, por exemplo, esses veículos já tinham acumulado mais de 200.000 km. Empresas privadas como a Souza Cruz também testaram o Itaipu E-400. A primeira venda a um particular foi efetuada ao senhor Nicolau Scarpa Jr., que adquiriu um modelo cabine dupla. Algumas unidades também foram exportadas para o Paraguai para testes.

A revista *Quatro Rodas* testou o Itaipu E-400 na versão furgão e destacou o silêncio na condução e a facilidade de guiá-lo. A velocidade máxima ficava na casa dos 70 km/h, podendo ser limitado a 45 km/h, por meio de uma chave no painel. Segundo a opinião da publicação, era a melhor ideia da Gurgel, pois, ao utilizar o limitador na cidade, a autonomia do

Empresas públicas e privadas como o Banespa e a Souza Cruz puderam testar o Itaipu E-400. Para a Gurgel era uma forma de testar os seus carros elétricos e fazer uma espécie de divulgação.

Como era comum na linha Gurgel, o Itaipu também dispunha de uma variedade de modelos. Na foto, uma versão picape cabine simples.

O Maxi-Táxi podia ser um carro de praça ou preparado para ser um modelo executivo, já que havia uma divisão entre o motorista e o passageiro. O G-800 Cruiser era uma *limousine* que podia transportar oito ocupantes.

veículo consequentemente crescia: dos 80 km previstos, podia chegar a mais de 100 km. Testes realizados pelo fabricante indicaram uma autonomia de 127 km na cidade sem recarga, desde que guiado de forma cuidadosa.

Essa baixa autonomia era um dos empecilhos para o veículo elétrico ganhar terreno, segundo a visão da Gurgel. Visando melhorar o desempenho e aumentar a autonomia, a Gurgel-TEC, com apoio da Finep – Financiadora de Estudos e Projetos –, começou a desenvolver a nova bateria batizada de Tetrapolar. A principal vantagem da bateria Tetrapolar era sua capacidade de 320 Ah, que correspondia algo em torno de seis horas de uso, bem maior do que as baterias convencionais de chumbo-ácido, além de ter um tempo de recarga menor.

As baterias Tetrapolar utilizavam placas circulares, acondicionadas dentro de caixas flexíveis, onde operavam com meia tonelada de força. Além de maior poder energético, havia a possibilidade de carga rápida, e o tempo de vida útil era de duas a três vezes maior do que o da bateria de chumbo-ácido. Durante teste com um Itaipu E-500, o modelo rodou 350 km, usando o processo de carga rápida. Esse veículo estava com um conjunto de apenas quatro baterias Tetrapolar de 12 v.

Com o Itaipu, a Gurgel recebeu em 1981 o prêmio de tecnologia Liceu, honraria concedida pelo Liceu de Artes e Ofícios de São Paulo, pelo veículo elétrico que a empresa desenvolveu sozinha, na condição de empresa de capital 100% nacional.

1982-1988 – GURGEL G-800

Paralelamente ao Itaipu E-400/E-500, a Gurgel lançava também a linha G-800, composta pelos modelos picape de cabine simples e dupla, van executiva, furgão, táxi e miniônibus, todos impulsionados pelo motor VW a ar de 1.600 cm³, movidos a gasolina ou a álcool. Os únicos modelos a chegarem efetivamente às ruas foram as versões picape simples e de cabine dupla, ambas descendentes diretas do Itaipu E-400.

A evolução dos modelos

Uma das premissas da nova linha de veículos era ser prática e funcional. A picape de cabine simples podia levar três passageiros e transportar até 1.100 kg. A versão de cabine dupla era uma espécie de veículo híbrido, com amplo espaço para cinco ocupantes, com direito a piso acarpetado e bancos com encosto alto na dianteira. A caçamba com tampa basculante fazia às vezes de porta-malas e podia transportar 490 litros. A G-800 cabine dupla tinha alguns detalhes que chamavam a atenção, como as duas portas do lado direito e entre elas uma pequena vigia. Do lado esquerdo havia uma grande janela fixa e abaixo o espaço para colocar o estepe e o macaco. A única mudança na aparência foi feita em 1985, quando a dianteira perdeu os dois faróis redondos e passou a ter quatro faróis quadrados e falsa grade entre eles.

Outros modelos que nunca passaram do estágio de protótipo foram o Maxi-Táxi e a Cruiser. A primeira era uma van que poderia ser utilizada como táxi ou carro executivo. Na dianteira havia dois bancos e uma parede divisória que a separava do habitáculo traseiro. Nela havia dois vidros, um fixo e outro com comando elétrico, que poderia ser acionado por um botão na parte de trás. Esse ambiente lembrava o dos táxis ingleses, com amplo espaço para três ocupantes. Um assento escamoteável era fixado na parte da divisória, atrás do motorista. A versão Cruiser era a G-800, com entre eixos

alongados em 90 cm, dispondo de um total de 3,10 m entre as rodas e comprimento total de 5 m. Para acessar o recinto traseiro havia duas portas do lado direito. O interior podia ser configurado de acordo com as necessidades do cliente. A versão testada pela edição de janeiro de 1984 da revista *Motor 3* tinha a configuração para oito passageiros mais uma mesa central.

Usando a mesma estrutura do Itaipu, a Gurgel lançou os utilitários G-800 equipados com motor VW a ar. A picape cabine simples trazia um aspecto mais rústico, apropriado ao trabalho. A versão cabine dupla tinha um acabamento mais luxuoso e a caçamba coberta servia como um grande porta-malas.

1983-1986 – GURGEL XEF

Para o Salão do Automóvel de 1981, a Gurgel apresentou um protótipo batizado de GTA, Gran Turismo Articulado. Era seu primeiro estudo para um veículo urbano de dimensões reduzidas. Podia transportar três ocupantes e tinha como característica principal uma pequena carreta que também fazia às vezes de porta-malas e podia ser retirada quando não usada. Era atrelada ao carro pelo sistema de "quinta roda". Amaral Gurgel colheu algumas sugestões durante o salão do automóvel, pois o sistema de reboque sugerido não havia agradado aos visitantes. Mas ficou convencido de que um carro de dimensões reduzidas seria bem aceito.

Com o resultado da pesquisa em mãos, Amaral Gurgel partiu de uma folha em branco e criou o XEF. Segundo conta, o nome XEF foi dado casualmente por Maria Cristina, sua filha, quando ele chegou certo dia em casa dirigindo o protótipo. Ao ser indagado sobre de quem era aquele estranho veículo, ela teria dito: "É do chefe!" Em relação ao modelo apresentado no salão do automóvel, muita coisa havia mudado. Amaral Gurgel foi buscar inspiração nos modelos Mercedes-Benz para criar seu primeiro veículo de passeio. Visto de alguns ângulos, afinal, ele lembrava uma Mercedes, principalmente na parte frontal, nas rodas e lanternas traseiras caneladas.

O GTA trazia o inusitado reboque que podia ser usado como "porta-malas" e retirado quando não estava em uso. O sistema não agradou e foi abandonado.

A evolução dos modelos

Seus 3,12 m de comprimento eram distribuídos em uma pequena carroceria de três volumes, algo pouco comum em veículos desse porte. Um detalhe bastante curioso era que o para-brisa e a vigia traseira tinham o mesmo formato, isto é, tratava-se do para-brisa original da Brasília. Assim, a peça podia ser intercambiável, como destacava o fabricante em sua propaganda: "O único carro nacional com para-brisa de reserva". Surpreendente era a largura: 1,70 m, em seu interior cabiam três passageiros, sendo que o banco do motorista era separado do banco deles. De fábrica, o modelo saía com vidros elétricos, rádio toca-fitas e piso acarpetado. O painel de instrumentos trazia velocímetro, conta-giros, pressão do óleo, vacuômetro e nível de combustível. Como opcionais, bancos revestidos em couro. A Gurgel cogitou oferecer ar-condicionado, mas acabou retirando essa opção.

O motor era o VW 1.600 cm^3 refrigerado a ar de carburação simples, podia ser movido a gasolina com potência de 48 cv e 10 m.kgf de torque ou a álcool 56 cv e 11,3 m.kgf de torque. A revista *Motor 3* testou um XEF na edição de abril de 1984 e destacou a facilidade para estacioná-lo, afinal, tinha 62 cm a menos do que um Fiat 147, até então o menor carro fabricado no país. A arrancada virtuosa do motor 1,6 litro e a estabilidade em média e alta velocidade também agradaram ao jornalista José Luiz Viera. Entretanto, o editor criticou o alto nível

Painel completo, vidros elétricos e rádio toca-fitas: o Xef era o Gurgel mais luxuoso já feito. O singular arranjo de bancos permitia levar três passageiros lado a lado, como no Matra Bagheera.

Com desenho inspirado no Mercedes-Benz, o Xef era uma espécie de minissedã e foi o primeiro veículo de passeio da Gurgel.

de ruído interno e o arranjo do banco do passageiro, já que, segundo ele, não era possível levar dois passageiros como dizia o fabricante. O sistema de ventilação interna também merecia uma revisão, já que as saídas de ar eram insuficientes para a aeração interna.

Para o ano de 1985, a Gurgel efetuou uma pequena mudança estética, com a grade sendo integrada ao capô, os para-choques ganharam uma proteção em borracha e um duplo filete vermelho que adornava as laterais da carroceria. Internamente, havia a opção do banco inteiriço, com ele o freio de mão migrava para baixo do painel. Um protótipo de uma picape elétrica baseada no XEF foi apresentado no Salão do Automóvel de 1984. Batizada de Itaipu E-250, o modelo experimental era movido por seis baterias Tetrapolar.

A evolução dos modelos

1985-1990 – GURGEL CARAJÁS

Em meados dos anos 1980, as picapes foram transformadas em carros de luxo, oferecendo muito espaço e conforto para as pessoas que estavam em busca de status e segurança. Foi nesse contexto mercadológico que a Gurgel apresentou, em 1985, o Carajás, um veículo "social country", como ela mesmo o definiu. A premissa de Amaral Gurgel com o seu novo utilitário era oferecer aos passageiros muito espaço e conforto, como nas picapes transformadas, mantendo-se a aparência parruda e muita valentia, digna de um verdadeiro fora de estrada, terreno que literalmente ele sabia explorar bem, daí o termo "jipe social". A importância do modelo dentro do portfólio da Gurgel era tamanha que, para mostrar que sabia fazer um veículo de luxo, a Gurgel cedeu um Carajás para empresa de cartões de crédito American Express. O comercial do cartão, que teve como um dos protagonistas o jipão de luxo, foi exibido em horário nobre da TV.

Divulgado nas versões TL (teto de lona), TR (teto rígido) e MM (militar), somente o modelo TR chegou efetivamente às ruas. Seu visual atraía olhares por onde passasse, devido às suas linhas agressivas e retas, fato reforçado pelo teto e frente pintados em preto fosco. O estepe sobre o capô dianteiro era inspirado nos Land Rovers. Era um jipão por definição, já que tinha 1,77 m de altura, porém somente 4,15 m de comprimento. Chamava a atenção o interior luxuoso com assoalho todo acarpetado e o volante espumado, algo que não lembrava em nada os rústicos utilitários feitos até então pela Gurgel.

Cinco ocupantes podiam usufruir do bom espaço para as pernas e cabeças. Os passageiros de trás tinham acesso ao interior do veículo, reclinando os encostos dos bancos dianteiros que corriam sobre trilhos. Outra ótima ideia foi o sistema desenvolvido pela Gurgel para a ventilação interna. Sobre o teto, uma claraboia captava o ar para ventilar a cabine. Dentro havia um forro duplo do teto, com cinco difusores de ar, dois para os passageiros da frente e três para os de trás; funcionava bem a partir dos 30 km/h. Para acessar o amplo porta-

O visual parrudo e invocado dava um ar de valentia ao Carajás. Precursor dos atuais utilitários esportivos, a Gurgel preferia chamá-lo de jipe social.

Um raro exemplar do Carajás com teto de lona.

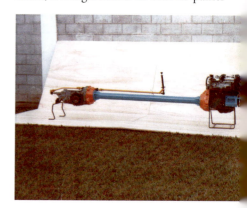

A foto mostra o arranjo do sistema de transmissão do tubo torque criado pela Gurgel.

eixo cardã, que fazia uma ligação entre o motor e o câmbio, envolto em uma caixa de aço apoiado por mancais de rolamentos presos em buchas de poliuretano. O Carajás foi o único veículo nacional a ter essa disposição mecânica, que proporcionava melhor distribuição de peso e ganho de espaço na cabine.

Como o TTS era acoplado diretamente à carroceria, não havia saliências na parte inferior do veículo, o que permitia um grande vão livre do solo, tornando-o valente no fora de estrada, mesmo tendo somente tração traseira. O sistema Selectration ajudava a sair dos atoleiros. Uma inconveniência do TTS era a inércia no acionamento da embreagem, o que obrigava o motorista a mudar lentamente as marchas, principalmente da segunda para a terceira. Para evitar tal incidente, a Gurgel tratou de fixar no painel

-malas, a tampa era dividida meio a meio, a capacidade era de 480 litros ou 1.650 litros com os bancos rebatidos.

Para mover os 1.280 kg, a Gurgel equipou o Carajás com o motor VW AP 1,8 litro a gasolina de 85 cv ou a álcool com 92 cv, alimentados por carburador de corpo duplo, além do AP 1,6 litro a diesel, equipado com bomba injetora com parcos 50 cv. Era a primeira vez que a Gurgel utilizava um motor refrigerado a água. O chamariz do Carajás era seu sistema de transmissão batizado TTS – Tork Tube System –, patenteado pela Gurgel. Esse arranjo mecânico consistia em posicionar o motor na dianteira, o câmbio e o diferencial na traseira. O sistema TTS nada mais era do que um

A evolução dos modelos

um adesivo para alertar o motorista para a necessidade de efetuar de forma lenta a troca de marchas.

O editor executivo da revista *Motor 3*, Paulo Celso Facin, testou em abril de 1986 um Gurgel Carajás a diesel. Paulo Facin teceu elogios ao amplo espaço interno do jipe da Gurgel, que pelo padrão adotado pela *Motor 3* mostrava que os ocupantes do banco dianteiro dispunham de 949 litros de espaço. Para efeito de comparação, ele citou o espaço interno do Santana Quantum, que era de 920 litros, e do Chevrolet Caravan, que perdia de ambos com 856 litros de espaço. Para o porte do veículo, o Carajás a diesel era econômico, chegou a fazer média de 11,58 km/l na cidade. Na estrada, à velocidade de 80 km/h obteve 16,74 km/h. Com um tanque de 85 litros, o Carajás tinha autonomia de 1.190 km. Porém, devido à pouca potência, 50 cv, o motor VW 1,6 litro a diesel penava para tirar o jipão da inércia e levava longos 40,21 segundos para atingir os 100 km/h. A velocidade máxima era de 115 km/h.

Em 1986, um Carajás prata indicava que a Gurgel alcançara a produção do veículo número 20.000. Para a linha 1987, a Gurgel efetuou algumas mudanças de ordem estética, já que a carroceria passava a ser pintada em um só tom e podia receber pintura metálica. As versões passaram a ser designadas como LE, mais simples e VIP de luxo, esta com rodas cromadas e vidros fumês. A tampa do porta-malas passou a ser uma peça inteira. O interior ganhou bancos com novo padrão de revestimento. Também foi disponibilizado a versão de quatro portas, que inicialmente era dirigido à Polícia Militar e depois ofertada ao consumidor comum.

Os últimos modelos foram produzidos no início de 1990 e traziam poucas mudanças: grade dianteira com quatro barras horizontais, maçanetas mais modernas e portas com dobradiças internas. Os bancos receberam novo padrão de tecido. Somente o motor AP 1800 a gasolina era ofertado. Com a chegada dos importados com preços mais competitivos e paralisação no fornecimento de motores por parte da Volkswagen, o Carajás saiu de linha.

Com o motor 1,8 litro do VW Santana e a caixa de câmbio de quatro marchas dos VW a ar, combinação mecânica que trabalhava de uma forma lenta, a Gurgel fixou um adesivo lembrando ao motorista como realizar corretamente as trocas de marchas.

Um Carajás prata foi o Gurgel de número 20.000 a sair de linha de produção.

1988-1991 – GURGEL BR800

Os primeiros esboços de um automóvel popular foram traçados pela Gurgel em 1982, tendo sido então batizado de Tião/Bastião. Naquele ano, tinha início no Brasil a era do "carro mundial", com a vinda do Chevrolet Monza. Contrariando a tendência, a Gurgel considerava urgente e impreterível o desenvolvimento do "carro nacional". A principal razão para a Gurgel adotar tal postura residia no fato de que os carros vendidos aqui eram caros e inacessíveis a boa parte da população brasileira, já que somente 0,5% população na época tinha poder aquisitivo para adquirir um automóvel 0 km. Assim, o "carro nacional" a ser lançado pela Gurgel e batizado carinhosamente de "Tião" almejava ser barato, despojado de supérfluos, resistente e econômico no tocante ao consumo de combustível e manutenção.

Três anos depois, uma carta de intenção de fornecimento de tecnologia foi assinada com a Citroën. O projeto previa a concepção de quatro modelos: um de passageiros, um furgão, um conversível e um utilitário de carga com motores de dois cilindros e 660 cm³. O ritmo de produção seria de 60.000 unidades/ano, algo em torno de 5.000/veículos mês. No princípio de 1986, porém, os franceses desistiram da cooperação. Os dirigentes da marca do duplo Chevron negaram repasse de tecnologia do motor de dois cilindros à Gurgel. Outro agravante segundo os empresários franceses era a instabilidade econômica que reinava no país na época, o que inviabilizaria investimentos aqui.

Essa situação estimulou a subsidiária da Gurgel, a GurgelTec, a partir para o projeto de fabricação de um motor inteiramente nacional, nos moldes daquele utilizado pelo Citroën 2CV, de dois cilindros contrapostos. Amaral Gurgel era um apaixonado pelo "patinho feio", apelido do 2CV. O engenheiro recomeçou

O protótipo do modelo 280 M serviu de estudos para o desenvolvimento do futuro carro 100% nacional.

A evolução dos modelos

o projeto e o rebatizou de Cena (Carro Econômico Nacional). Mas não dispunha dos recursos para levar o plano adiante. No mesmo ano, obteve um empréstimo de aproximadamente 6 milhões de dólares junto à Finep (Financiadora de Estudos e Projetos). Naquela ocasião, criou os primeiros protótipos, chamados de 280 M.

Os carros de testes já antecipavam a linha dos futuros veículos totalmente nacionais, com carroceria de linha reta, capô inclinado, pequena entrada de ar na dianteira e parte traseira truncada, medindo 3,15 m de comprimento. O sistema de construção seguia a receita aplicada em seus utilitários – estrutura tubular de aço seccionada, pesando 42 kg. O projeto inicial previa uso de carroceria de plástico injetado que já viria pigmentada na cor do carro. A ausência da etapa de pintura, além de reduzir custos, também barateava a manutenção, já que em caso de colisão somente a parte afetada seria trocada.

O primeiro motor foi testado em julho de 1987. O trem de força a gasolina tinha dois cilindros opostos, era refrigerado a água, com bloco fundido em alumínio silício, pesava somente 7,8 kg. Todo processo de usinagem era executado dentro da Gurgel, em uma central de usinagem comprada por quase 1 milhão de dólares, que Amaral Gurgel batizou de "Nicole". "É que é tão cara quanto uma amante francesa", explicou

Amaral Gurgel apresenta o motor Enertron à Finep e a um grupo de jornalistas.

à revista *Quatro Rodas* na época. Havia duas cilindradas: 650 cm³ com 26 cv e 4,7 m.kgf e 800 cm³ com 32 cv e 5,7 m.kgf. Uma peculiaridade era o alternador, cuja carcaça já era fundida no bloco e, com isso, dispensava o uso de correia. O alternador era acionado pelo comando de válvulas. A princípio, a Gurgel chegou a testar alguns motores com camisa de aço revestida de borracha. Seria uma inovação em termos mundiais, já que os invólucros dos cilindros costumam ser de ferro fundido. Porém, a falta de uma borracha resistente no mercado, de modo a não permitir a mistura do óleo e da água, decretou o fim dessa inovação. Outro diferencial era a ignição computadorizada, que dispensava o distribuidor.

Em outubro de 1988, era apresentado o BR-800, o primeiro veículo desenvolvido por um fabricante brasileiro. Amaral Gurgel enfim concretiza um antigo sonho de colocar o Brasil entre um seleto grupo de países a criar seu próprio automóvel.

Durante o ano de 1987, diversos protótipos do modelo 280 foram testados em ritmo intenso. Durante as provas de desempenho, os modelos chegaram a atingir perto de 110 km/h e aceleraram de 0 a 100 km/h em 30 segundos. Mas uma multa veio superar as expectativas, pois um funcionário da Gurgel foi autuado por um policial rodoviário, que acusou o motorista de estar a 126 km/h. Ao saber do episódio, em vez de repreender o subordinado, o empresário fez festa. A multa ficou exposta na sala dele.

O sistema de transmissão era manual de quatro marchas e tração traseira, algo pouco comum em um carro desse porte. Amaral Gurgel fez a opção pela tração posterior, pela simplicidade do conjunto e pelos custos, já que em modelos de tração dianteira há coifas e juntas homocinéticas que deixam a manutenção mais cara. A suspensão dianteira usava amortecedores criados pela Gurgel, os Spring Shock. Era uma mola capsulada dentro de um cilindro blindado cheio de fluído viscoso. Na traseira, foi adotado o sistema de feixes de molas. No interior, nada de luxo, tudo muito racional e simples. O painel incluía uma maleta tipo 007, que podia ser desparafusada e levada com o dono do carro.

Uma iniciativa inédita foi o fato de Amaral Gurgel, ao invés de esconder os protótipos do 280 da imprensa especializada, ele os cedia para avaliações. Desse modo, as publicações especializadas testavam os veículos em pistas de testes com aparelhos de aferição. Cada uma deixava seus pontos positivos e negativos e o que precisar evoluir no conceito. A Gurgel, por sua vez, ganhava destaque de capa e visibilidade nacional nunca antes vista a respeito de seu futuro carro popular. As revistas *Quatro Rodas* e *Oficina Mecânica* foram os dois periódicos que puderam experimentar os carros ainda na fase de teste.

A evolução dos modelos

Para lançar o modelo, Amaral Gurgel abriu o capital da empresa, iniciativa inédita no Brasil. No começo de 1988, ele vendeu um lote de 10.000 ações da Gurgel Motores. Cada interessado deveria comprar um lote de 750 ações, no valor de 3.000 dólares pelo carro e 1.500 dólares pelas ações. Os sócios teriam prioridade na aquisição do automóvel com sorteios de cotas mensais.

Todos os lotes foram vendidos. A arrecadação atingiu cerca de 60 milhões de dólares, o que viabilizou a conclusão do projeto e a ampliação do complexo localizado em Rio Claro. Tudo estava quase pronto. Faltava apenas o pagamento do IPI (Imposto sobre Produto Industrializado). Gurgel obteve redução do imposto junto ao governo federal. Sua empresa pagaria apenas 5% – em média, as demais arcavam com 20%. O XV Salão do Automóvel foi o palco para o lançamento do Gurgel BR-800, BR de Brasil e 800 em alusão ao deslocamento do motor que era de 792 cm³.

Ao lado do BR-800, a Gurgel anunciou no salão uma picape fora de estrada, com pneus cidade/campo, maior distância do solo, além de um pequeno Santo Antônio. Foi apresentado também um conversível que mantinha as molduras das portas e vidros laterais, bem como a barra estrutural do teto. Outra unidade exposta foi o BR-800 furgão, que chegou a ser usado pela empresa Furnas e pelos Correios.

Em relação ao 280 M, várias mudanças estéticas foram efetuadas. A dianteira ganhou grade simétrica com o logo "Gurgel". As maçanetas embutidas eram as mesmas do Fiat Uno, aliás, uma medida tomada para facilitar a manutenção do carro foi a escolha de peças ou medidas-padrões usadas pela Volkswagen e pela Fiat. O carro cresceu de 3,15 para 3,19 m. A distância entre eixos era de 1,90 m. O motor de dois cilindros foi batizado de Enertron, era alimentado por um carburador de corpo simples, movido a gasolina e que desenvolvia 32 cv e torque de 5,8 m.kgf.

Novidade em segurança foi a adoção da terceira luz de freio, primeiro veículo nacional a ter tal item. No interior, a maleta tipo 007 foi retirada e o estepe foi transferido do porta-malas para uma porta com tranca.

As primeiras unidades, entregues após o fim do evento, apresentaram problemas. O alternador, acionado pelo comando de válvulas, não conseguia gerar potência suficiente para a recarga da bateria. Isso acontecia porque a rotação do comando de válvulas era a metade da do motor, dessa forma, o alternador não desenvolvia potência suficiente para recarregar a bateria quando ela estava sendo usada pelos faróis ligados, pelo rádio, entre outros.

O protótipo do Gurgel Cena na capa da revista *Quatro Rodas* era uma oportunidade de divulgar o primeiro carro "verde e amarelo".

O BR-800 ao lado de uma picape com adereços fora de estrada, que Gurgel chegou a testar, mas que nunca chegou à linha de produção. O BR-Furgão foi utilizado como veículo de carga em empresas estatais e servia como uma plataforma de teste para a Gurgel.

À esquerda, outro estudo interessante foi do BR-Van, um diminuto monovolume nos moldes dos atuais modelos orientais. Na foto à direita, o único exemplar que ainda existe passou por algumas mudanças estéticas nos vidros laterais.

A solução foi voltar atrás e modificar a montagem do alternador, que passou a receber movimento do motor pela maneira tradicional de polias e correia trapezoidal. Diz-se que somente doze carros foram feitos sem tal item. Os amortecedores *spring shock* também foram substituídos por convencionais, pois perdiam ação rapidamente. Não obstante os problemas de produção, as primeiras 1.000 unidades foram vendidas com ágio de 100%.

Para a Transpo de 1989, a Gurgel levou o protótipo batizado de BR-Van, que nunca chegou a entrar em produção. Para 1990, a Gurgel introduziu uma série de aprimoramentos em seu veículo popular, principalmente no acabamento, criando duas versões: BR-800 e BR-800 SL.

A versão SL vinha com rodas cobertas com supercalotas, tampa do porta-luvas, rádio toca-fitas, retrovisor do lado direito e faixas decorativas nas laterais. O nome BR-800, antes estampado na carroceria, passou a ser um adesivo preto. As lanternas traseiras ganharam um desenho mais moderno e próprio. A última mudança veio em 1991, com a adoção de uma claraboia no teto, batizada de teto zenital. Esse item foi adicionado porque o interior esquentava em excesso. Também foram acrescentados cintos de segurança de três pontos retráteis, carpete moldado e reposicionamento dos pedais.

Em 1991, a empresa havia vendido 4.000 carros divididos entre o BR-800 e os utilitários, faturando 35 milhões de

A evolução dos modelos 81

O BR-800 SL mantinha o visual simpático e funcional. O vidro traseiro abria, dando acesso ao pequeno porta-malas. O interior simples trazia o essencial: o único luxo ficava por conta do rádio toca-fitas.

dólares. A carreira comercial do BR-800 chegou ao fim em março de 1992, quando as últimas 140 unidades deixaram a linha de produção. Durante pouco mais de três anos, foram produzidos 6.500 unidades. Com isso, a Gurgel Motores alcançou projeção internacional. O motor foi elogiado pela Porsche e pela Citroën. Era o único dois cilindros contrapostos do mundo refrigerado à água. O carro ganhou o Prêmio de Excelência em Design, conferido pela Bienal Brasileira de Design, em 1990.

1990-1992- GURGEL MOTOMACHINE

A Gurgel apresentou, no Salão do Automóvel de 1990, o MotoMachine, um modelo de linhas singulares e dimensões enxutas. Seria um meio de transporte individual que primava pela criatividade e soluções de engenharia ainda não aplicadas a nenhum outro automóvel feito no Brasil. O MotoMachine foi disponibilizado somente para os acionistas da Gurgel, uma espécie de venda casada com as ações do BR-800. Ele serviu também como laboratório sobre quatro rodas, para testar novas técnicas de fabricação a ser aplicadas em futuros modelos.

Entre os chamarizes do pequeno veículo estavam as laterais das portas trans-

Clássicos do Brasil

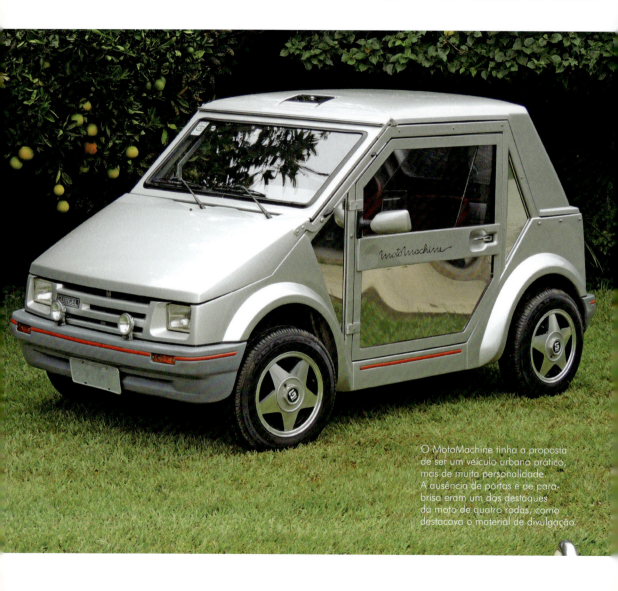

O MotoMachine tinha a proposta de ser um veículo urbano prático, mas de muita personalidade. A ausência de portas e de para-brisa eram um dos destaques da moto de quatro rodas, como destacava o material de divulgação.

A evolução dos modelos

O visual da traseira lembrava o do BR-800, com destaque para o estepe à mostra. Já o interior trazia painel com desenho próprio. Os bancos de couro vermelho eram um opcional de luxo.

parentes feitas em acrílico. Tratava-se de um só veículo em quatro diferentes modelos: MotoMachine fechado, conversível, moto e lona. Com o para-brisa rebatido e sem o teto, a sensação era a mesma de dirigir uma moto, mas com o conforto e segurança de um carro, como a Gurgel gostava de frisar em seu material publicitário. Internamente, o espaço era restrito a dois ocupantes nos bancos dianteiros, já que o diminuto assento traseiro mal podia levar uma criança e fazia as vezes de porta-malas. A capota de lona, quando não usada, ficava alojada atrás do encosto desse banco. Curioso também era o estepe fixado na traseira. Como opcional havia bancos revestidos em couro vermelho e o chamariz era o painel ajustável em altura, que regulava junto com a coluna de direção e o painel de instrumentos.

No conjunto mecânico, o MotoMachine herdava todo o trem de força do BR-800, dotado do motor de dois cilindros horizontais de 0,8 litro, com potência de 34 cv e torque de 6,6 m.kgf, acoplado ao câmbio de quatro marchas, o que lhe permitia atingir, segundo a Gurgel, a velocidade máxima de 115 km/h. Outra curiosidade era o chassi hexagonal feito em aço. Nesse chassi aparente, ele recebia todos os componentes mecânicos e painéis removíveis, como teto e para-brisa. Havia duas novidades técnicas inauguradas com o MotoMachine. A primeira era o motor fixado na forma pendular. Nesse sistema, o motor era pendurado na parte superior do chassi, o que impedia a transmissão de vibrações. Abaixo do motor, havia a barra de torque que tinha a função de neutralizar o torque do motor. Na suspensão traseira conjugava pela primeira vez a ação de molas semielípticas à ação de molas helicoidais e amortecedores. Isso permitia aumentar a distância entre eixos e reduzir a distância entre o para-choque traseiro e as rodas, o que proporcionava ganho de espaço interno.

O MotoMachine media 2,85 m de comprimento, 1,50 m de altura e a distância entre eixos era de 1,85 m. As rodas de aro 13 pol eram cobertas por calotas e, como opção, havia rodas de liga leve de cinco raios.

Durante os dois anos em que foi produzido, estima-se que deva ter saído da linha de produção algo em torno de 160 a 170 unidades do MotoMachine.

1992-1995 – GURGEL SUPERMINI

Em 26 de fevereiro de 1992, a Gurgel convocava a imprensa especializada para conhecer seu mais novo produto e o último lançado antes da derrocada da marca. Tratava-se do Supermini, sucessor do BR-800, o primeiro "city car" brasileiro, como era frisado em seu material publicitário na época. O Supermini era a resposta de Amaral Gurgel ao Fiat Uno Mille, modelo criado pela montadora mineira, que aproveitava a redução de alíquota do IPI promovida pelo governo federal para carros com motor a partir de 1 litro. O Supermini teria outras versões, como Superpatrol, Superconversível e Supercross. Uma "picapinha" também chegou a ser ensaiada e um protótipo foi construído.

Para lançar o Supermini, a Gurgel investiu um montante de 7 milhões de dólares em sua planta de Rio Claro, interior de São Paulo. Quando comparado com o BR-800, eram nítidos os sinais de evolução e aprimoramento aplicados ao Supermini, a começar pelo desenho externo com destaque para a área envidraçada. Embora tenham sido mantidos os 3,19 m de comprimento, ele ganhou mais 10 cm na distância entre eixos, o que ampliava o seu espaço interno. As portas mais amplas perderam o anacrônico e simplório sistema de vidros

Evolução da espécie: o Supermini trazia melhoras estéticas e de acabamento em comparação ao BR-800. Foi o precursor dos populares de luxo, conceito seguido depois pelo Corsa Wind e Uno Mille ELX.

A evolução dos modelos

O visual do Supermini era mais elaborado. O teto mais alto possibilitou a adoção da tampa do porta-malas, um item de segurança pouco comum na época.

corrediços na horizontal e foram substituídos pelo sistema vertical, com manivela, sem quebra-vento.

A leve caída na traseira permitiu incorporar uma tampa para acessar o porta-malas – o BR-800 utilizava o vidro basculante. Acima da vigia traseira havia dois repetidores de seta e a terceira luz de freio. O estepe que antes era fixado para fora e protegido por uma tampa, passou a ser guardado no interior do porta-malas. Estavam disponíveis cinco tonalidades de cores: vermelho, azul, branco, prata e dourado. Todos tinham a parte inferior na cor prata e grafada: BR – L, na versão mais simples; e BR-SL, na mais luxuosa. A versão mais despojada não vinha com rádio, conta-giros, relógio e banco traseiro bipartido.

A Gurgel colocou repetidores de seta e uma terceira luz de freio, logo abaixo da antena do teto.

O motor Enertron de 2 cilindros opostos teve a calibragem do carburador de corpo simples alterada e com isso passou a debitar 36 cv e torque de 6,6 m.kgf. Também era fixado pelo sistema pendular. O câmbio de quatro marchas (agora feito na Argentina), em relação às marchas longas, prejudicava o desempenho e o consumo, justamente a bandeira que a Gurgel usava para vender seu veículo. O jornalista e engenheiro Bob Sharp, que na época era editor técnico da revista *Quatro Rodas*, fez algumas ressalvas à transmissão e indicou quais seriam o câmbio e o diferencial mais apropriados para o Supermini:

"Para um veículo de vocação urbana, sua transmissão está na contramão da lógica. Extremamente longa, prejudica a aceleração e a retomada de velocidade. Afinal, atingir 100 km/h em terceira marcha é algo para motores de 1.800 cm³ e cinco marchas. E para chegar a essa velocidade, gastou 35 segundos, enquanto um Uno Mille, que tem a mesma relação peso/potência (na casa dos 17 kg/cv), precisa de 24 segundos. As retomadas, graças à elasticidade do motor, ficaram menos comprometidas. Em última marcha, fez de 40 a 100 km/h em 41 segundos, marca quase semelhante à do Mille, com 40 segundos.

Um diferencial mais reduzido e um câmbio com quinta marcha poderiam, ainda, contribuir para melhorar a velocidade máxima. A 4.400 rpm, portanto bem longe de sua potência total (5.500 rpm), não passou dos 111 km/h. E, se fossem amaciados os coxins, diminuiria a vibração do motor. A falta de todos esses componentes fez com que o ruído interno chegasse a elevados 73,5 decibéis. Até o grande apelo do fabricante (a economia de combustível) mostrou-se pouco expressivo: média de 13,68 km/l de gasolina."

Bob Sharp ficou surpreso, porém, com a estabilidade, já que podia entrar rapidamente nas curvas, apesar de ter pneus com a medida de 145 mm, tendo conseguido alcançar uma aceleração lateral de 0,79 g. Ele também teceu elogios ao guiá-lo no trânsito, pois a alavanca de câmbio (importada da Argentina) era bem posicionada e de engate fácil. Finalizou seu texto dizendo: "Se fosse mais barato e fizesse menos barulho, poderia se transformar no segundo carro de boa parte das famílias de classe média".

O interior também passou por mudanças profundas, ficando mais moderno e luxuoso. O painel de formato côncavo trazia agora relógio e conta-giros. As teclas de setas, luzes e limpador de para-brisas foram trocadas por alavancas práticas. No console central havia o luxo do rádio toca-fitas, um pequeno porta-luvas e cinzeiro. Os bancos dianteiros foram redesenhados e passaram a ter encostos altos, já o banco direito corria sobre trilhos assim que o encosto era reclinado, facilitando o acesso aos assentos traseiros. Estes agora eram divididos e escamoteáveis, o que permitia aumentar a capacidade do porta-malas.

Mesmo tendo seu preço cotado em 11.950 dólares, o Supermini conseguiu obter um bom resultado nas vendas: até o final de 1992, já haviam sido entregues 1.500 unidades do modelo, com média mensal de vendas de duzentos veículos. Isso também se deve em parte à campanha agressiva de marketing adotada pela Gurgel, com o slogan "Fuja do rebanho, venha para um Supermini. Um carro sem igual", tendo como garoto propaganda o próprio Amaral Gurgel guiando um modelo no comercial de TV.

Já com a Gurgel em concordata, os últimos Supermini saíram da linha de montagem em 1995. Traziam poucas mudanças, como as rodas fechadas pretas da marca Mangels, portas e tampa do porta-malas com dobradiças internas.

O Supermini deixaria de ser um hatch para se tornar uma espécie de miniperua. Assim como no Supermini Plus, havia teto solar de lona.

O diferencial do Supermini seria a opção de um teto solar de lona, além de um acabamento mais requintado com direito a volante revestido em madeira.

A bateria, antes instalada sob o banco do passageiro, foi alocada no cofre do motor. As portas ganharam quebra-ventos fixos. Na traseira, as lanternas passaram a ser verticais, como as do Ford Pampa, e foram abolidos os repetidores de seta e a luz de freio acima da vigia traseira.

FAMÍLIA SUPERMINI

Minicarros em versões esporte e luxo, quadriciclos, vans, veículos anfíbios, novos sistema de vendas e uma linha de montagem circular estão entre as criações de Amaral Gurgel menos conhecidas.

Algumas sequer saíram do papel, mas nem por isso deixaram de atestar o gênio criativo de quem ousou colocar uma marca brasileira na história da indústria automobilística mundial.

Enfrentando problemas financeiros e trabalhando em regime de concordata desde 1993, Amaral Gurgel não havia desistido de sua fábrica, nem dos novos veículos. Em 1993, ele estudava lançar uma versão do Supermini com teto solar, batizado de Plus. A versão chegou a ser exposta no Salão do Automóvel do ano anterior. O charme ficava por conta da cobertura de lona, que ocupava praticamente todo o teto, e chamava a atenção quando estava aberta. Era uma clara inspiração do teto solar utilizado pelo Citroën 2CV. Além da cobertura do teto, o Supermini Plus trazia rodas de liga leve Mangels, com pneus mais largos, um par de faróis de milha sobre o para-choque dianteiro e novas lanternas traseiras. Internamente, o ar retrô ficava por conta do volante com aro de madeira e sistema de ventilação aprimorado.

A evolução dos modelos

Em 1995, durante uma coletiva de imprensa na sede da Gurgel Motores, uma série de veículos da família Supermini foi apresentada. A primeira geração do modelo, com um visual hatch, ganharia uma carroceria de perua, mais arredondada, além dos vidros laterais traseiros com formato oval. Na lateral, a inscrição "Produto Brasil" procurava demonstrar que a Gurgel ainda estava na ativa. No interior, os passageiros de trás podiam se acomodar com mais conforto, pois o teto havia crescido em 10 cm na altura. O sistema de ventilação seria ajudado pelo teto solar de lona.

A versão de luxo do Supermini foi batizada de BR-SLX. Ela trazia poucas mudanças visuais e a mais aparente era o vidro lateral traseiro, reto. O teto solar também estava presente como as rodas de liga leve, além do estepe aparente na traseira. Ciente de que a maioria dos seus clientes já utilizava cada vez mais seus utilitários na cidade, a Gurgel adicionou alguns adereços fora de estradas em seus modelos urbanos, aplicando o sufixo "Cross". Podemos dizer que Amaral Gurgel anteviu o mercado "Cross"

O BR-SLX era a versão de luxo do novo Supermini: trazia rodas de liga leve e um pequeno bagageiro sobre o teto.

O Supermini.

Os ingredientes para o futuro utilitário urbano estavam presentes no SuperCross: pneus de uso misto, estepe na traseira e piso mais alto.

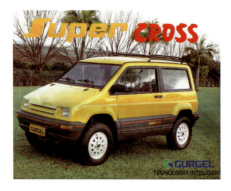

A curiosa versão foi o Supermini "Cross", um modelo urbano com pinta de fora de estrada, que trazia adereços como quebra-matos, pneus lameiros e estepe pendurado na traseira.

ou Adventure em oito anos. O primeiro modelo foi feito na base do Supermini, sendo batizado de SupeminiCross. Na dianteira, chamava a atenção o quebra-mato, o capô com entrada de ar e os faróis de longo alcance. As molduras das caixas de rodas eram mais largas para acomodar os pneus lameiros. Sobre o teto, um bagageiro. Característica comum dos aventureiros urbanos, o SuperminiCross já trazia o estepe fixado na traseira.

Já o SuperCross era o irmão aventureiro do Supermini BR-SLX, o precursor dos utilitários urbanos. De aparência mais robus-

A evolução dos modelos

ta e despojada, trazia rodas Mangels com acabamento branco e pneus cidade/campo Pirelli MS 35 de medida 175, que elevavam a altura em relação ao solo em 17 cm. Para acessar o porta-malas, o vidro traseiro trazia acionamento elétrico no painel. O estepe era coberto por uma capa. Diferente do seu irmão de luxo BR-SLX, o SuperCross não tinha teto solar de lona, mas, sim, o simples teto zenital. A novidade aqui era a opção do câmbio Dual Track, que apresentava o engate das marchas com reduzida.

GURGEL DELTA

Ciente de que havia dois Brasis dentro do Brasil, Amaral Gurgel começou a traçar as metas para o projeto Delta. O nome do projeto advém da metáfora da aviação, que diz que só depois de inventar o avião supersônico é que o homem teria tido a chance de voar de asa-delta, um símbolo de simplicidade e liberdade. E simples era uma das melhores definições do Delta. Para o fundador da Gurgel, o modelo seria uma revolução na indústria automobilística mundial.

A ideia original era vender o chassi do Delta e seus componentes como uma espécie de franquia, o que permitiria que, teoricamente, o carro pudesse ser montado em várias localidades do Brasil. Como consequência, ele custaria

Simplicidade era a palavra de ordem no projeto Delta. Assim, seu sistema de construção permitia que fosse montado em várias partes do país. Devido ao arranjo na construção, o Delta poderia assumir diversas configurações de carroceria. O chassi hexagonal exposto primava pela facilidade de construção e manutenção.

Em caso de avaria, partes da carroceria poderiam ser trocadas, o que facilitava a manutenção e diminuía o custo de reparação.

menos, por conta do frete, ao mesmo tempo em que contribuiria para levar desenvolvimento às regiões mais pobres do país. Para isso, a Gurgel tinha uma planta pronta no município de Eusébio, no Ceará, que forneceria todo o conjunto. Com o Delta, a empresa poderia atacar dois segmentos de mercado: os populares, com o Delta ao preço de cerca de 4.000 dólares; e os populares de luxo, com o Supermini, que continuaria sendo feito em Rio Claro e cotado em 7.000 dólares.

Para ter preço competitivo, a TecPron, subsidiária da Gurgel, desenvolveu um sistema que fazia o veículo utilizar menos material. Com base no chassi hexagonal, já testado no MotoMachine, essa estrutura espacial teria os encaixes, onde ficaram presos os painéis de plástico que compunham a carroceria. Isso também permitia que o carro pudesse ganhar diversas configurações, como conversível, para locais quentes; e com capota fechada, para lugares frios. Havia vantagens do ponto de vista da manutenção, já que, no caso de

A evolução dos modelos

uma colisão, somente a parte afetada seria trocada. O veículo se tornava bem interessante para quem vivia no litoral e não teria seu carro afetado pela corrosão.

Com quatro passageiros mais a bagagem, O Delta pesaria somente 550 kg. O motor utilizado seria o Enertron de dois cilindros opostos de 800 cm³, com potência de 36 cv, acoplado ao câmbio manual de quatro marchas e tração traseira. Na parte visual, ele lembrava o MotoMachine com frente curta; no primeiro protótipo os faróis eram circulares, depois tomaram emprestado os faróis retangulares do Supermini. A estrutura do chassi poderia ser pintada da cor dos painéis da carroceria ou de outro tom, a fim de gerar contraste para destacá-lo. O estepe ficaria alojado na traseira.

O cronograma de lançamento do Delta estava previsto para o início de 1993, mas devido ao não cumprimento, por parte do governo do Ceará, da liberação do empréstimo previsto, além da saída, sem motivo, do governo de São Paulo e do BNDS do protocolo de intenções, as dificuldades aumentaram. Em julho de 1993, ocorreu o pedido de concordata da Gurgel e com isso o projeto Delta foi suspenso.

MOTOFOUR

Ainda tentando buscar se reerguer e levantar capital para manter a Gurgel em atividade, o engenheiro Amaral Gurgel apresentou, em junho de 1995, o protótipo do MotoFour. O modelo era uma espécie de quadriciclo com assoalho inteiriço. Utilizava o chassi duplo hexágono do Delta, porém, com a parte central retirada. A mecânica tomava emprestado o motor de dois cilindros opostos de 800 cm³ de 36 cv. Sua aparência era no mínimo inusitada, já que a dianteira era reta e as entradas de ar ficavam na vertical. O para-brisa fumê era oval e unia-se ao capô, sem teto, portas ou qualquer outra proteção lateral. Não estava previsto no projeto a opção de uma capota.

Utilizando o chassi aparente do Delta, o MotoFour foi concebido para atender mercados emergentes que pudessem substituir as motos e os riquixás.

Interior do MotoFour.

O detalhe mais curioso do MotoFour era mesmo a posição em que o motorista ficava, acomodado no túnel central, como em uma moto, à frente ficava a alavanca de trocas de marchas. Havia estudos para transferir o câmbio para o lado direito do painel. O painel de instrumentos continha somente velocímetro e luzes-espia. Dois passageiros podiam se acomodar em um pequeno banco atrás, além de contar com um diminuto porta-malas.

A Gurgel pretendia vender os projetos do Supermini e do MotoFour para o mercado chinês. A concepção MotoFour nasceu justamente para atender o mercado chinês, já que Amaral Gurgel vislumbrou a possibilidade de substituir com ele os tradicionais riquixás, as bicicletas para dois passageiros típicas da China. Em sua visão, o mercado chinês iria explodir em vendas nos anos seguintes, já que contava então com uma população de mais de 1 bilhão de pessoas.

GURGEL VAN MDC – 1000

Em 1984, a Gurgel exibiu, em seu jornal interno, o esboço de uma van de grandes dimensões, batizada de MDC-1000. O protótipo da van seria apresentado durante o Salão do Automóvel de 1984. A parte estética seguia a receita aplicada no modelo G-800, com frente alta, dois pares de faróis retangulares e grade quadriculada, já na lateral traseira direita uma ampla porta daria acesso ao interior. Teria versões de passageiros, executivo, cargas e escolar. A MDC pode ser vista como uma antevisão de mercado dos modelos importados, como Kia Besta e Asia Topic, pois trazia o motor localizado na parte central e refrigerado a água, nas versões álcool, gasolina e diesel. Uma curiosidade é que a MDC adotaria o sistema de tração TTS, que tempos depois seria o cartão de visitas do utilitário Carajás. A van MDC-1000 nunca saiu do estágio de esboço e nenhum protótipo foi de fato feito.

CAPÍTULO 3

CURIOSIDADES

TRANSA

Em 1973, a Gurgel revelou o protótipo de seu veículo anfíbio batizado de Transa, anacrônico de Transamazônica. O veículo trazia características de um carro de combate e tinha o intuito de ser guiado em estradas de difícil acesso, lamacentas e com grandes trechos alagados. De tamanho compacto, media somente 3,40 m de comprimento, 1,60 m de largura, 1,70 m de altura e distância do solo de 80 cm. Podia transportar quatro passageiros e ser usado com ou sem capota, além da opção do para-brisa. A carroceria era de fibra de vidro, e seu peso bruto, de 1 tonelada.

Várias curiosidades cercavam o projeto do Transa. A primeira era o fato de possuir seis rodas e tração em todas elas. Era equipado com motor VW 1.600 cm^3 refrigerado a ar de 65 cv, que movimentava as rodas e a hélice acoplada na traseira. A suspensão seria independente com molas helicoidais nas seis rodas e seis amortecedores de dupla ação em todas elas. Haveria também dois sistemas de direção: o primeiro iria atuar na base do freio, como nos tratores de esteira. No tipo trator, as três rodas do lado esquerdo eram acopladas ao sistema de freio, já as três rodas do lado direito formariam um segundo conjunto em separado. Para fazer curvas, o motorista deveria frear um lado e acelerar o outro lado. Já o segundo sistema seria usado em velocidade de cruzeiro, as rodas da frente e as duas traseiras se movimentariam em sentidos opostos, com as rodas do meio fixas.

A transmissão empregada era a caixa manual de quatro marchas da Volkswagen, sendo que o câmbio com marchas reduzidas seria produzido pela própria Gurgel. Todo o conjunto mecânico seria capaz de levar o Transa à velocidade máxima de 80 km/h; na água sua velocidade era de 15 km/h. Com dois tanques de combustível de 40 litros, a autonomia era de 480 km, ou de oito horas de uso. O guincho seria capaz de tracionar 3 toneladas e era ligado ao cabo de aço de 50 m.

Segundo a revista *Quatro Rodas*, de setembro de 1972, a Gurgel havia programado o primeiro lote de vinte unidades do Transa para janeiro de 1973. A produ-

Curiosidades

ção iria ocorrer de fato em janeiro daquele ano ao ritmo de dez unidades por mês. A marca também estudava exportá-lo para os países da América do Sul e África.

ROTAMAQ

Em 1991, a Gurgel apresentou o sistema de produção batizado de Rotamaq. Era uma inovadora forma de montagem, na qual, em vez de o carro ser montado em linha, seria feito em uma espécie de carrossel. O sistema consistia em uma plataforma com seis braços, para os seis estágios de montagem do carro. Ela fazia movimentos horizontais e verticais, o que, na visão da Gurgel, garantiria excelente ergonomia para os operários. A cada giro da plataforma, ela mudava de estágio, com isso os funcionários tinham total conhecimento da produção do veículo, já que poderiam executar todas no mesmo espaço.

BRINQUEDOS

Oficialmente, a Gurgel nunca manteve uma linha de brinquedos e tampouco se sabe se ela licenciou alguma empresa a vender brinquedos com seu nome. Entretanto, durante os anos 1970 e 1980, alguns fabricantes colocaram no mercado modelos em miniatura dos veículos Gurgel. A mais emblemática é a Indústria Pevi, que atua no segmento de plástico e brinquedos de plástico bolha.

Os modelos Gurgel X-10 e X-12 foram vendidos pela Pevi como veículos de uso do Exército brasileiro. Feitos de plástico bolha verde, traziam uma estrela fixada sobre o estepe, para-brisa com limpadores e dois lugares. Na dianteira, o para-choque apresentava guincho, protetores de faróis, nome Pevi e o modelo do carro, no caso X-10. Os detalhes mais curiosos eram o canhão e camburão de gasolina.

Já a Brinquedos Bandeirantes, que atua no mercado desde 1952, tem até hoje à venda, como carro-chefe, os veículos a pedal e triciclo Tico-Tico. Em uma foto promocional da Gurgel, de dezembro de 1979, vemos um X-12 com o Papai Noel ao volante e, com ele, inúmeros brinquedos que possivelmente seriam distribuídos aos filhos dos funcionários. Chama a atenção um carro a pedal que se parece muito com um Gurgel X-10, pois trazia até o camburão fixado na traseira.

A última miniatura de um Gurgel a ser lançada foi do modelo Xavante XTC, na escala 1/43, que faz parte da coleção "Carros Inesquecíveis do Brasil", da Editora Planeta de Agostini. O Gurgel BR-800 também fará parte da lista de modelos eternizados por essa coleção.

CASA INFLÁVEL

O engenheiro Amaral Gurgel gostava de atacar de inventor nas horas vagas. Em 1972, ele exibiu os primeiros esboços de uma nova barraca inflável ou "casa de ar". A tal casa seria uma barraca revolucionária armada em poucos minutos, sem muito esforço, já que era erguida apenas com o auxílio de um ventilador.

De formato arredondado, a barraca inflável teria um diâmetro de 12 m, construída em vinil especial. Em seu interior, dois quartos, uma ampla sala, cozinha e banheiro. Todas as dependências contariam com forração de piso. Na parte externa, um pequeno motor elétrico ou a gasolina, de 2 cv, impulsionaria um ventilador para inflar a barraca e ao mesmo tempo servir como ar-condicionado. Para evitar que ela murchasse ou desabasse, uma série de tirantes de náilon e estacas a manteriam suspensa, mesmo que o gerador deixasse de funcionar.

A iluminação interna ficaria a cargo de uma espécie de cúpula, com placas de fibra de vidro fixadas na parte cima. Nas laterais, as janelas seriam de vinil transparente e a porta seria fechada com zíper especial. Esse sistema impediria a saída de muito ar durante a entrada ou saída dos ocupantes. A "planta" da barraca seria dividida assim: ao centro, em forma hexagonal, ficaria a cozinha e o banheiro. Cerca de dois terços da área arredondada seria ocupada pela sala, e os demais espaços pelos quartos.

GURGEL EM COMPETIÇÕES

Em setembro de 1986, por iniciativa da própria Gurgel, foram inscritos três modelo XEF para participarem do Primeiro Rally da Independência, uma prova de regularidade cujo percurso ia da cidade de São Paulo à cidade de Campos do Jordão. As três equipes representaram a Gurgel Trade Center, de

Curiosidades

São Paulo, e competiram nas categorias Estreantes, Novato B e Graduados. A largada foi realizada sob forte chuva, que persistiu durante quase a totalidade do trajeto, inclusive na subida da serra de Campos de Jordão. Conforme o boletim oficial da Federação Paulista de Automobilismo, o XEF obteve primeiro lugar na categoria Estreantes e Novato B. Na categoria Graduados, o XEF obteve a segunda colocação.

Outro modelo a participar de uma competição foi o Carajás. O jipão de luxo participou do Rally Rota do Sol, realizado no Nordeste do país. Sem contar com nenhuma preparação, o Carajás obteve a quarta colocação. Mesmo sem ter a opção de tração integral, o utilitário da Gurgel conseguiu enfrentar as dunas sem problema e sequer utilizou o sistema Selectration, como relatou o piloto Leonardo Sodré de Siqueira ao jornal *Gurgel na Pista*. O único problema durante o trajeto foi a quebra de duas barras de ferro que saem do chassi, para reforçar outra, que segura o motor. O problema foi resolvido com uma solda realizada de madrugada, no município de Paulo Afonso.

BR-800 NA PM DE PERNAMBUCO

Em 1989, a Polícia Militar de Pernambuco passou a contar em sua frota com 47 viaturas do BR-800, que seriam utilizadas nos serviços de policiamento urbano. Essa aquisição pela PM pernambucana fazia parte de um acordo, que previa que 20% da produção podia ser destinada a órgãos de governo, para fins de testes e pesquisas. A PM de Pernambuco era a primeira a adquirir o BR-800, que faria análises e avaliações de desempenho. Outro órgão do governo que utilizou o BR-800 foi a Empresa Brasileira de Correios e Telégrafos (EBCT), que possuía dois BR-800 tipo furgão, utilizados como plataforma e serviços em Brasília.

ZÜNDAPP COM MOTOR ENERTRON

Zündapp foi uma fabricante alemã de motocicletas, fundada em 1917, em Nuremberg, por Fritz Neumeyer, juntamente com a Friedrich Krupp AG e a fabricante de máquina-ferramenta Thiel, sob o nome Zünder und Apparatebau G.m.b.H. Em 1919, com o fim da Primeira Guerra Mundial, a demanda por peças de armas diminuiu, já que eles fabricavam detonadores de bomba. Fritz Neumeyer tornou-se o único proprietário da empresa e, dois anos mais tarde, decidiu diversificar a linha de produção, passando a construir motocicletas.

A primeira motocicleta Zündapp foi o modelo Z22, lançada em 1921. Foi batizada de Motorrad für Jedermann ("moto para todos"), um projeto simples, confiável, com motor de dois cilindros contrapostos, que foi produzido em grande série. A história das motos pesadas da Zündapp começou em 1933, com o K-series. O "K" refere-se ao tipo de sistema de transmissão que esses modelos utilizavam, o Kardanantrieb, que significava "transmissão por eixo cardã".

Durante a Segunda Guerra Mundial, a Zündapp fez grandes motos, como a KKS 500, que trazia troca de marchas com o pé. Já a KS 750 apresentava um *side car* lateral e possuía bloqueio do diferencial. A Zündapp também fez motores para aeronoves leves, como o 9.092 de quatro cilindros refrigerados a ar. Cerca de duzentos motores foram produzidos.

Com o fim da Segunda Guerra, a empresa diversificou sua linha de produção com scooters e ciclomotores, além de máquinas de costura. Em 1951, Zündapp lançou o último de seus modelos de motos pesadas, sendo o mais famoso o KS601 (o "elefante verde"), com um motor de 598 cc de dois cilindros contrapostos de 35 cv, que podia atingir 140 km/h de velocidade máxima e 120 km/h com o *side car*. A produção foi encerrada em 1959, quando 5.500 unidades deixaram a linha produção.

No Brasil, na cidade de Palhoça, em Santa Catarina, graças ao empenho do mecânico de motos José Máximo Pereira Neto, a moto Zündapp KS601 1951 ganhou vida nova. Em 2003, Máximo Pereira resolveu restaurar sua Zündapp e acabou por decidir equipá-la com o motor do BR-800. Segundo Máximo, a parte mais trabalhosa no processo de restauro foi adaptar o motor do BR-800 ao câmbio de quatro marchas original da Zündapp. O entre eixo foi aumentado ligeiramente em 20 mm, para poder se encaixar no berço da moto. Com o motor Gurgel Enertron de 792 cm^3 com 36 cv, a KS601 chegou a atingir velocidade máxima de 160 km/h.

O trabalho de restauro e adaptação foi finalizado em 2005, e hoje a KS601 1951 repousa em uma coleção de motos de um colecionador na cidade de Araraquara.

Curiosidades

VERBETE GURGEL

A Enciclopédia Larousse Cultural, um dicionário enciclopédico com mais de 120.000 verbetes, trouxe em seu fascículo nº 58, a citação sobre o engenheiro João Augusto do Amaral Gurgel, com fotografia do BR-800, o primeiro carro de tecnologia 100% nacional. No verbete da Gurgel, há o histórico da empresa, um relato sintético do currículo do engenheiro Gurgel e seus produtos, com destaque para o BR-800.

CAPÍTULO 4

DADOS TÉCNICOS

FICHA TÉCNICA

Os dados aqui apresentados são referentes ao modelo BR-800. Todas as modificações efetuadas no motor para o Motomachine e o Supermini foram citadas ao longo do texto.

MOTOR

Tipo: Gurgel Enertron, 2 cilindros contrapostos
Cilindrada: 792 cm^3
Potência: 32 cv a 4500 rpm
Torque: 5,8 m.kgf a 2.800 rpm

Arrefecimento: a água, ventilador elétrico acionado por interruptor termostático
Eixo: comando de válvulas na carcaça acionado por corrente
Alimentação: carburador de corpo simples
Ignição: controlado por microprocessador eletrônico que elimina o distribuidor (duas faíscas por ciclo)

TRASMISSÃO

Tração traseira por eixo cardã e diferencial
Caixa de mudanças: quatro marchas sincronizadas com alavanca no assoalho.
Relação de transmissão: 1ª 3,75:1, 2ª 2,16:1, 3ª 1,38:1, 4ª 1,00:1, ré 3,81:1; diferencial 4,1:1

Chassi do BR-800

Dados técnicos

CARROCERIA

Estrutura espacial em aço com perfil tubular e painéis modulares em plástico de engenharia

CHASSI

Direção mecânica tipo pinhão e cremalheira
Freios: dianteiro a disco e traseiro a tambor
Suspensão dianteira: independente com molas helicoidas e amortecedores telescópicos de dupla ação
Suspensão traseira: eixo rígido com molas semielípticas e amortecedores de telescópicos de dupla ação

DIMENSÕES

Comprimento: 3.195 mm
Largura: 1.470 mm
Altura: 1.480 mm
Distância entre eixos: 1.900 mm
Bitola dianteira: 1.260 mm
Bitola traseira: 1.280 mm
Peso em ordem de marcha: 650 kg

CAPACIDADES DOS RESERVATÓRIOS

Radiador: 3,4 litros
Cárter: 2,5 litros
Tanque de combustível: 40 litros
Caixa de câmbio: 2,2 litros
Diferencial: 0,8 litro

FONTES DE CONSULTA

LIVROS

CALDEIRA, Lélis. *Gurgel, um brasileiro de fibra.* São Paulo: Editora Alaúde, 2008.
ANDRADE, Fernanda Soares. *A solução brasileira. História do desenvolvimento do motor a álcool no DCTA.* São José dos Campos/ SP: SindCT, 2012.

JORNAIS

Folha de S.Paulo
Jornal do Carro

Gurgel na Pista
Folha da Tarde

REVISTAS

Autoesporte. São Paulo: FC Editora
Mecânica Popular. São Paulo: FC Editora
Motor 3. São Paulo: Editora Três

Motor Show. São Paulo: Editora Três
Oficina Mecânica. São Paulo: Sigla Editora

SITES

Best Cars Web Site
Auto Entusiastas
Webmotors

Kart On Line
Gurgel 800
Gurgel Clube

CRÉDITO DAS IMAGENS

Abreviações: a = acima; b = embaixo; c = no centro; d = à direita; e = à esquerda.
Na falta de especificações, todas as fotos da página vieram da mesma fonte.

Páginas 4/5, 6-9, 1-7, 19b, 22b, 24, 25a, 26/27, 28, 29, 33e, 35, 39b, 44d, 46, 49, 53, 54, 55e, 56-8, 60, 63c, 63b, 64, 69b, 70-2, 76, 80, 82, 83e, 85, 86, 92ae, 92ad, 95, 96, 98/99, 106/107, 108: Arquivo Rogério de Simone
Páginas 20, 23, 25b, 40, 42, 45, 48, 52, 63a, 67a, 77: Arquivo Luiz Bortolim.
Páginas 19a, 19c, 30b, 32, 33d, 34, 36/37, 39a, 44e, 47, 65, 66, 67be, 67bd, 68, 69a, 73, 74, 75b, 78bd, 84, 89, 92be, 92bd, 93, 94: Arquivo Ricardo Gurgel.
Páginas 22ad, 59, 62, 75a, 78be, 81: Arquivo do autor.
Páginas 50/51: Arquivo Ricardo Hernandes.
Páginas 30a, 88, 90: Arquivo Reynaldo Gomide Filho.
Página 22ae: site Best Cars.
Páginas 3, 43a: *Enciclopédia do Automóvel.*

AGRADECIMENTOS

Embora tenha atuado por um curto período de tempo (1969-1996), a Gurgel deixou uma vasta linha de modelos e muitas histórias em seus 27 anos de atuação no mercado nacional. Por isso, a tarefa de compor todo o registro histórico e fotográfico aqui presente só foi possível graças à colaboração de pessoas que gostam e admiraram o trabalho deixado pelo engenheiro João Augusto Conrado do Amaral Gurgel. Primeiro, queria agradecer a família Gurgel – Fernando Gurgel, Ricardo Gurgel e Reynaldo Gomide –, que cederam imagens de arquivos pessoais e tiraram dúvidas sobre modelos e fatos históricos.

Aos integrantes do Gurgel Clube de São Paulo, que sempre estiveram à disposição, para ajudar e oferecer seus carros para serem fotografados. Por isso, queria deixar aqui os meus agradecimentos ao Leandro Basso, Felipe e Luiz Antonio Olivane, Pedro Faian, Vinícius e Basilio Tadei, Waldir e Edson Fraga. Aos colecionadores Doutor Sergio Minervini, Paulo Togneri e João Carlos Bajesteiro.

Queria também deixar o meu muito obrigado ao Rogério de Simone, à editora Alaúde, pela oportunidade de escrever este livro.

Conheça os outros títulos da série:

 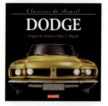  
  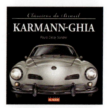 
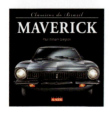 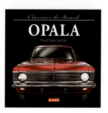